AF307232

Engagement artistique et Identité

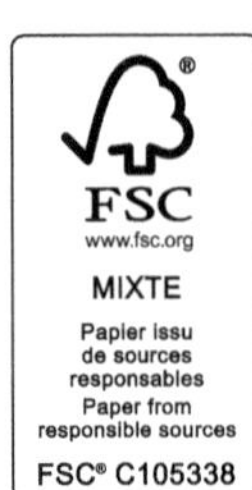

© Savanes du Continent
Couverture : Ramanou Alédji

Éric Azanney

ENGAGEMENT ARTISTIQUE ET IDENTITÉ

Entretiens avec des artistes africains
au parcours édifiant

ESSAI

À
Arcade Assogba
« Et justement ce qui est simple est beau… Et le sommet de l'art pour moi c'est la simplicité. Pour faire simple, il faut un long chemin, c'est très compliqué de faire simple », Ousmane Alédji, p. 51

À
Fortuné Sossa

et
Armand Vidégla
« Je sais qu'il y a des journalistes qui sont intègres et qui essayent de se battre », Sylvestre Amoussou, p. 110

Ce n'est pas tous les jours qu'on tombe sur des livres qui font parler et très bien des artistes. Je me réjouis de rencontrer cette entreprise livresque menée par Éric Azanney qui apporte un plus à la documentation d'art. Les termes, « art », « artiste », « engagement » ont bénéficié d'une abondante littérature, à travers débats, travaux scientifiques, etc., sans être pour autant devenus banals. *Engagement artistique et identité* le prouve à suffisance avec son instructive incursion chez trois personnalités de l'univers artistique africain et béninois.

En cette ère où le monde se veut un unique village planétaire, la notion d'identité pourrait sembler superflue à certains esprits. Qu'on ne s'y méprenne pas, il y a bien une nuance à faire. Les artistes considérés par le présent livre font cette nuance et précisent ce qu'ils portent comme idéologie. Dominique Zinkpè l'a dit en ces phrases : « Je suis pleinement un artiste africain et cela ne m'empêche pas d'avoir un langage universel. Ceux qui se revendiquent d'être uniquement des artistes contemporains sans ajouter africains, ils ont tort. […] Les peuples sont faits différemment et il faut vendre sa particularité. Je suis pour la globalisation, mais cela ne veut pas dire qu'on va tous se ressembler. Ce dont il s'agit, c'est de permettre en réalité à chacun, avec sa particularité et ses différences, de former un monde en parfaite harmonie. »

Je connais Ousmane Alédji et la teneur de son travail ; je connais autant Dominique Zinkpè. Et, Sylvestre Amoussou, tout africain qui plus est homme de culture a dû entendre parler de lui ne serait-ce que ces dernières années, tant son film *L'orage africain* a défrayé la chronique. Théâtre, art plastique, cinéma. L'engagement pour l'autodétermination de l'Africain, c'est bien une caractéristique importante de leur démarche artistique à ces trois. Ce livre fait le tour de leurs œuvres, mais aussi de leur personnalité, en s'appuyant sur eux-mêmes. Il apparaît aisé au fil de la lecture de donner raison à son auteur qui a pensé que ces trois créateurs ont bien des choses en commun quant aux idées qu'ils portent. Et déjà dans le livre, leurs propos se rejoignent sur la plupart des sujets. Concernant l'aide au développement ou les soutiens à la lutte contre des maladies, voici deux exemples :

Zinkpè dit : « Pour moi, malgré tous ces soutiens, je ne vois pas l'Afrique se lever. Donc en creusant, on a découvert beaucoup de choses. Ça s'apparente simplement à un business entre l'Afrique et le Nord. C'est-à-dire que l'Afrique aime bien se faire passer pour pauvre pour qu'on lui apporte le soutien et ceux qui apportent ce soutien aussi ce n'est pas à fonds perdu. Si on prend l'exemple des préservatifs qu'on distribue dans la lutte contre le Sida, la distribution à elle seule, ça coûte des millions ».

Sylvestre Amoussou : « Ils font le détournement déjà dans les frais de fonctionnement. Ils prennent les hôtels, les belles villas et roulent les gros 4x4. Et finalement l'argent qui est destiné aux pauvres pour faire des puits par ici, des hôpitaux par là, sert à autre chose ».

Sur les sujets du panafricanisme et du Franc CFA et bien d'autres, la convergence d'opinion de ces trois artistes est frappante. Mais ils ont un regard optimiste et réaliste sur demain.

Ainsi, l'engagement de Ousmane Alédji, Sylvestre Amoussou et Dominique Zinkpè se cristallise autour d'un rapport à l'avenir. Mais c'est surtout l'avenir des rapports Nord-Sud qui est scanné avec des orientations pointues à l'endroit des dirigeants africains.

Ce document est d'une pertinente utilité, non seulement parce qu'il laisse de puissants témoignages à la postérité en faisant graver le parcours et les idées de ces esthètes sur des pages d'un livre, mais surtout parce qu'il pourrait aider plus d'un à se construire, à fonder leurs convictions et à y croire.

Le procédé de Éric Azanney est entraînant. Il est parti de leur enfance à chacun des trois, en passant par leurs œuvres, avant d'en arriver à leur opinion sur des sujets saillants de leur pays, du continent africain et du monde en général. C'est aussi une approche éclairée de l'ensemble des œuvres de ces artistes que l'essayiste propose ainsi. On peut observer facilement les relations vie-œuvre, environnement-création, enfance-conviction.

Il faut saluer, à cet effet, le travail de recherche et la profondeur d'analyse de ce jeune journaliste écrivain qui, de par ses questions, propose d'intéressantes pistes de réception du travail de ces artistes. *Engagement artistique et identité* est une médiation culturelle qui transcende les champs du domaine spécifique de la culture pour une souveraineté humaine. Une belle trouvaille livresque qui enrichira quiconque la touchera.

Pr Yacouba Konaté

Enseignant à l'université Félix Houphouët-Boigny de Cocody, Abidjan

Conservateur, auteur, critique d'art

En 2015, au détour d'une discussion, mon vis-à-vis me laisse entendre une assertion aussi choquante que curieuse : « aucun artiste béninois ne peut dire qu'il vit de l'art ». Dans ma spontanéité, ce n'est même pas à Angélique Kidjo que j'ai pensé pour lui dire qu'il est sous informé, je lui réponds que je peux lui citer plusieurs artistes plasticiens béninois qui vivent de leur art et très bien. Celui-ci de me rétorquer : « peut-être bien, mais ceux-là, leur cible n'est pas au Bénin, ils créent leurs œuvres pour les Blancs, d'ailleurs on ne perçoit même pas le sens de leurs tableaux ».

Une fois seul, j'ai repensé à cette conversation et j'y ai relevé deux points : l'opinion sur le métier d'artiste n'est pas des plus reluisantes, le travail de l'artiste n'est pas toujours compris dans son milieu, peut-être faute d'accès. Il en ressort la nécessité de familiariser les publics aux artistes ainsi que leurs œuvres, comme le voudrait la médiation culturelle[1]. En s'intéressant à

---

1 Selon la Charte déontologique de la médiation culturelle- Introduction et principes de la médiation culturelle (2004-2007) conçue par Médiation culturelle association, « La notion de médiation

Ousmane Alédji, Sylvestre Amoussou et Dominique Zinkpè, trois artistes qui ont le succès en commun, le présent document ambitionne non seulement d'ouvrir une fenêtre sur leur travail autour de la thématique *Engagement artistique et Identité* qui les caractérise chacun, mais aussi de revisiter avec ces derniers leur parcours qui pourrait inspirer plus d'un.

Dans un monde qui nous impose une dictature des idéaux, tant les canaux sont pluriels et influents aujourd'hui pour faire assimiler une idée ou pas, et où de mauvais exemples bénéficient de sponsoring pour asphyxier les bons, il est important que le bon exemple s'accroche et donne des échos de sa survie, ne serait-ce que par des quintes de toux. Mon intérêt pour ces esthètes prend en compte leur travail et comment leur développement humain (leur vie, depuis l'enfance) a pu influencer les convictions de l'artiste qu'ils sont devenus. Des artistes qui ont une signature esthétique et idéologique. Des artistes qui ont de la reconnaissance internationale et qui vivent de leur art. Des artistes qui peuvent en inspirer d'autres et, dans une mesure plus large, inspirer de modèle de réussite à tout jeune Africain et Béninois.

émerge au cours des années 60 dans le champ culturel, et plus particulièrement dans le champ des musées, dans les années 80. Elle induit l'idée d'un dialogue parfois difficile entre des publics et des objets culturels, voire d'une tension ressentie entre des établissements culturels et des populations. Le mot médiation dont s'emparent les milieux culturels désigne alors une situation de communication, des moyens d'interprétation, la rencontre, des échanges et des circulations qui génèrent des relations. »

Un peu au-delà de la conception de Diderot qui présente (dans *L'Encyclopédie*) le journaliste comme « un auteur qui s'emploie à publier des extraits et des jugements des ouvrages de littérature, de sciences et des arts, à mesure qu'ils paraissent », mon travail de journaliste spécialiste de culture et d'art me demande aussi une lecture approfondie, une observation sur une durée de l'orientation et la démarche de certains artistes dans leurs créations. Ce n'est sans doute pas anodin puisque les méthodes de la critique l'enseignent. Et Rémy Rieffel, Professeur en sociologie des médias, dans son article intitulé *L'évolution du positionnement intellectuel de la critique culturelle* (publié sur persee.fr), classifie les journalistes dans la troisième catégorie de critique, après celle des professionnels de la culture : les créateurs eux-mêmes, et celle des universitaires qui s'apparente à la critique savante ou encore « la critique de la chaire » selon la terminologie de Thibaudet[2]. En cela, il me plaît d'ajouter que le journaliste spécialiste de culture se doit d'apporter sa part à la médiation culturelle.

Ainsi, avec ce procédé qui rejoint celui de la critique, j'ai observé que Ousmane Alédji, Sylvestre Amoussou et Dominique Zinkpè, trois artistes de différentes disciplines, ont en commun l'autodétermination et l'affirmation de soi qui parcourent le souffle de leur engagement. La démarche de l'interview m'est

---

2 Albert Thibaudet, né à Tournus (Saône-et-Loire) le 1er avril 1874 et mort à Genève le 16 avril 1936, est un critique littéraire français très apprécié de l'entre-deux-guerres qui écrit pour *La nouvelle revue française* de 1912 à sa mort.

apparue la meilleure pour aller à la source des fondements et objectifs de cet engagement, au même moment, pour jeter un coup de projecteur sur leur parcours qui, même vu de loin, semble déjà édifiant. Et la moisson est bonne ! Des détails aussi croustillants qu'intimistes font la beauté de cet exercice que je suis prêt à reprendre avec le même entrain. Le lecteur, je l'espère, se sentira dans l'antre privilégié de ces créateurs en découvrant, par exemple, non seulement pourquoi dans sa mise en scène Ousmane Alédji fait l'option des langues nationales béninoises alors que ses spectacles ont fait le tour du monde et que ces langues ne se parlent majoritairement qu'au Bénin, mais aussi d'où vient la violence dans son écriture dramatique ; par quel cheminement Sylvestre Amoussou en est arrivé à se convaincre de ce qu'il y a une guerre des images à mener par le cinéaste africain ; comment Dominique Zinkpè le couturier est devenu artiste plasticien à succès et quels rêves il porte.

C'est donc un intrusif et instructif voyage que le lecteur fera, ma foi, en lisant ces causeries disposées dans ce livre par ordre alphabétique des patronymes de ces personnalités du monde culturel et artistique.

Il me chaut par ailleurs d'exprimer ici ma reconnaissance à l'endroit de ces artistes qui ont fait preuve de disponibilité et surtout de générosité pour ces échanges qui offrent des clés de lecture de leurs différentes œuvres. Gratitude à leur endroit parce qu'ils ont gentiment coopéré.

J'obtiens mon premier rendez-vous avec Dominique Zinkpè, le premier contacté du lot. Le plasticien m'accorde une rencontre pour le 10 janvier 2017. Avec l'enthousiasme plein les poumons, je patiente le temps nécessaire pour rencontrer mon hôte. Mais monsieur Zinkpè a oublié notre rendez-vous, il s'en est visiblement beaucoup voulu au téléphone, et n'a eu de cesse de se confondre en excuses. À cet instant, je redescends sur terre et réalise que la mise en pratique de mon projet ne sera pas un long fleuve tranquille où je pêcherai simplement mes poissons.

Le plasticien sera quand même l'artiste par qui le travail démarrera. Il me fera l'honneur de me recevoir en sa demeure et en plusieurs séances. Aussi intermittentes fussent-elles, nos rencontres ont toujours eu du sens pour réunir les pièces de l'œuvre que j'ambitionnais. En fréquentant la maison de Zinkpè, je me suis davantage conforté dans l'idée qu'il est un artiste modèle de réussite professionnelle et sociale. D'ailleurs, ce dernier, très amusé, m'a raconté une des rumeurs sur sa personne dans le quartier faisant état de ce qu'il est sans doute « un trafiquant de drogue » pour avoir si bien construit sa maison, et avoir autant de voyages à faire. Quand on leur répond que c'est un artiste plasticien, beaucoup de parents curieux envoient alors leurs enfants apprendre l'art à son atelier afin que ces derniers soient grands artistes comme le voisin Zinkpè.

Sylvestre Amoussou est le deuxième à qui j'en ai parlé, lui qui vit en France, mais est assez régulier au pays. Le cinéaste, très emphatique par rapport au projet me donne rendez-vous après une projection de son film à Cotonou. Avec son énergie habituelle, il a répondu aux trois quarts du questionnaire, d'une traite. A l'occasion d'un autre séjour en terre béninoise, il m'a donné rendez-vous dans un glacier de Cotonou où le reste du questionnaire a été épuisé. Monsieur Amoussou m'a souvent fait l'amitié de s'enquérir de l'évolution du projet. Un an après notre rencontre à Cotonou, je me retrouvais à Paris dans un autre cadre et en ai profité pour obtenir un rendez-vous avec lui afin que nous relisions entre autres son interview ensemble, mais par un empêchement, je n'ai pas pu honorer l'invitation chez lui alors qu'il avait pris des dispositions pour m'accueillir.

J'informe enfin monsieur Alédji de mon projet ! Son adhésion fut spontanée, évidemment, lui dont je suis plus proche des trois. Celui-ci a particulièrement aimé le questionnaire qui, selon lui, a du mérite. Il m'a demandé de venir pour qu'on démarre quand le je souhaitais puisque son bureau comme son domicile me sont grands ouverts. C'est ainsi que nos rencontres dans ce cadre se sont passées comme nos causeries des jours ordinaires, jusqu'à épuisement du questionnaire.

Étant donc entendu que les entretiens de ce livre se sont déroulés entre 2017 et 2019, il est possible que certaines références temporelles en allusion à l'actualité politique ou culturelle africaine ou béninoise ne correspondent plus exactement à ce qui est. Cependant, la force des révélations et des points de vue n'a pris aucune ride. Ce livre comporte également une partie annexe où il y a des articles sur chacun des trois artistes. À ce niveau, il m'importe de saluer la spontanéité de docteur Philémon Hounkpatin qui, contacté à la dernière minute, a bien voulu écrire un article sur Dominique Zinkpè présentant l'homme et son œuvre. Bonne lecture !

L'auteur

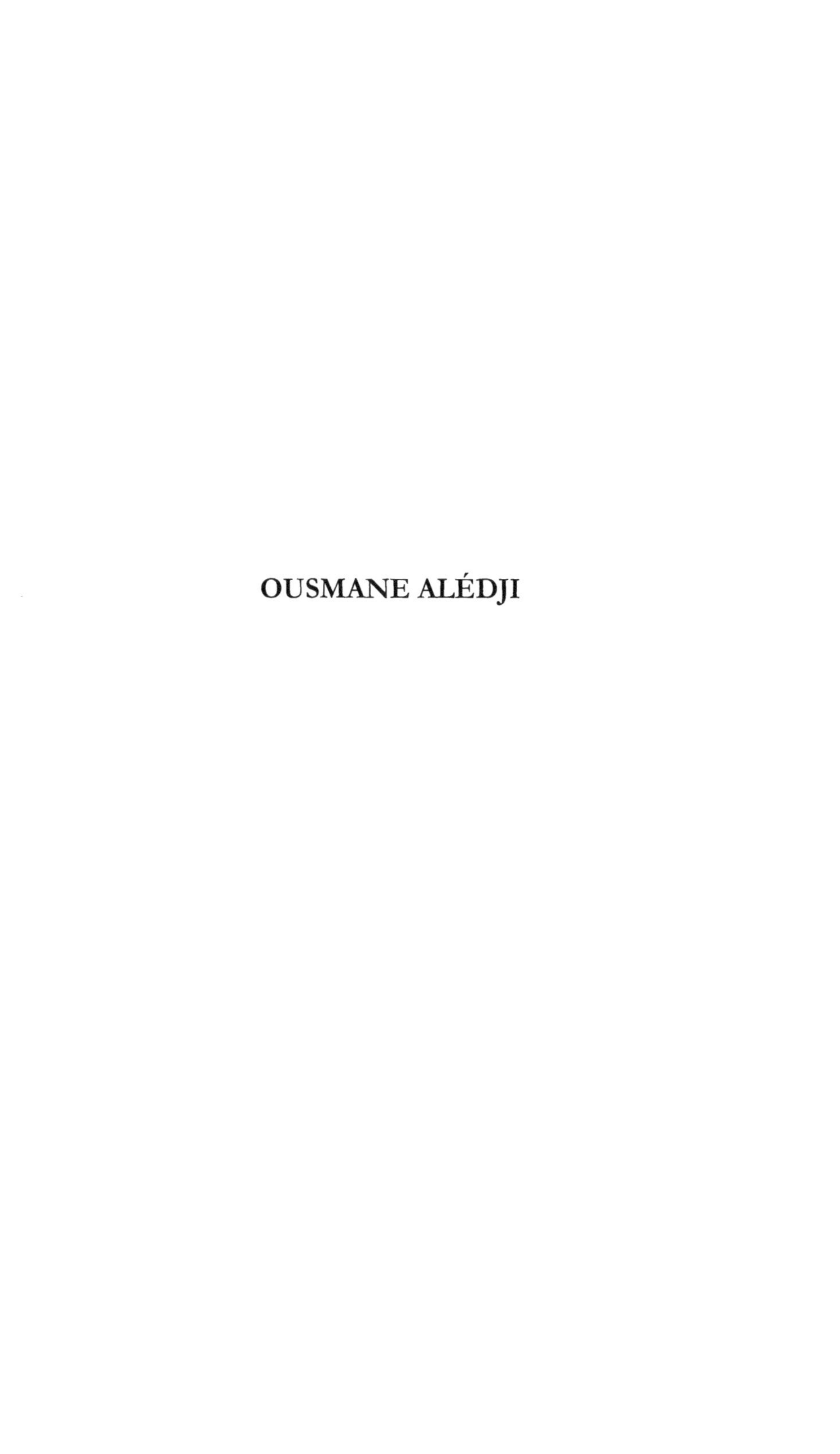

OUSMANE ALÉDJI

Vos amis disent que votre âge a statut de mystère. Est-ce vrai ?

Oui, ça l'est. Et je ne l'ai pas voulu ainsi. Mais j'assume. Puis, l'homme est un mystère, n'est- ce pas ? Cela aussi est vrai. Encore plus au Bénin qu'ailleurs.

C'est donc définitivement un mystère

(Sourire…) Définitivement.

Pourtant vous êtes un homme public et avec les biographies, les interviews, c'est facile de lire votre date de naissance sur internet. Tenez ! Par exemple, vous concernant, on a 1972 et parfois 1963.

(Rire…) L'intérêt de la confusion vient de là. Qu'il y ait plusieurs dates sur les documents et sur Internet, c'est bien pour la confusion, c'est autour de cela que le mystère s'installe et je ne vais rien faire pour le lever. Comptez sur moi.

Où avez-vous vu le jour ?

Je suis né à Gbégamey, l'un des quartiers les plus vieux de Cotonou et à l'époque c'était le quartier des intellectuels, pour ainsi dire, au même titre que Haie-Vive, Champ de Foire, etc. Et mon père était plutôt réputé Akowé[3] dans le temps.

---

3 En langue Fon, sobriquet attribué aux intellectuels.

Vous êtes Nago[4] de Kétou, mais vous avez beaucoup plus connu Ouidah. Que peut-on retenir de vos origines ?

Effectivement, nous sommes Nagos, originaire d'Akaba Idena[5]. Akaba Idena c'était le cœur du pouvoir du royaume de Kétou -l'ancien royaume de Kétou. Justement le portail dont tout le monde parle c'est le portail d'Akaba Idena. Le palais est toujours là. Les Nagos sont connus pour être des grands guerriers, des redoutables chasseurs et des artisans très ancrés dans des rites, des cultes et des traditions. Parlant de traditions, il y en a une qui recommande aux jeunes Nagos en âge de se marier de partir de la maison familiale. Ainsi vous avez l'occasion de prouver à vos parents de quoi vous êtes capable. Les Nagos se sont déplacés ainsi surtout par le fait culturel, dans tout le plateau du Bénin. Tous les déplacements ne sont pas causés par des guerres fratricides comme on a essayé de nous le faire avaler. Dans tous les cas, ce n'est pas le cas de mes ancêtres à moi. Une

---

4 Les Nagots ou (Nagô) sont une population d'Afrique de l'Ouest vivant principalement au Bénin. Localisés sur le plateau de l'Ouémé, ils ont la même identité culturelle que les Yorubas.
5 Kétou ou (Ketu) est une ville du sud-est du Bénin, située à l'extrême nord du département du Plateau. Le Musée d'Akaba Idena est un des sites touristiques du Bénin situé dans la cité historique de Kétou. À deux kilomètres environ du palais royal, se trouve un ensemble de portes magiques entourées de mystères. Les peuples autochtones les vénèrent. Elles existent depuis des siècles à l'époque des premières chefferies de la localité et servaient d'entrée unique dans le royaume de Kétou pour des raisons de sécurité du royaume. Elles restaient ouvertes, mais en cas de danger, elles se fermaient seules.

partie de notre famille est restée à Porto-Novo dans l'Ouémé-Plateau d'où les Alédji de Porto-Novo, qui eux, au contact des Yorubas commerçants, se sont convertis à l'Islam pour devenir musulmans. Certains sont devenus catholiques, bien entendu et d'autres sont restés attachés à leurs cultes.

Il y a une partie, la branche, la mienne, qui s'est déplacée vers Ouidah où elle a fait plutôt commerce de son expertise dans les savoirs endogènes, dans les sciences spirituelles. Ils étaient si doués que le Régent de la ville de Ouidah à l'époque, Félix de Souza Chacha[6] a recouru à leurs services. Ce qui a facilité l'installation de mes ancêtres à Ouidah, d'où la souche des Alédji de Ouidah. Et cette souche à son tour s'est subdivisée. Il y a une bonne partie qui s'est aussi convertie à l'Islam. Peut-être parce que Dieu, on finit par le croiser, d'une façon ou d'une autre, on finit par le croiser.

Ouidah apparaît telle votre ville d'adoption et qui a dû être témoin de moments importants de votre vie. Comment peignez-vous votre enfance et votre adolescence ? Remplie de joie, de peines ou d'insouciance ?

Souvent je dis à mes amis : j'ai le défaut d'être un écrivain. Je sais que quand je vais me mettre à raconter ma vie les gens croiront que je suis en train

---

6 Don Francisco Félix de Souza dit Chacha, né le 4 octobre 1754 et décédé le 8 mai 1849, était un métis brésilien considéré comme le plus célèbre commerçant d'esclaves sur les côtes d'Afrique. Établi dans la ville de Ouidah au Bénin, il acquiert une notoriété de régent.

d'écrire un roman. Donc sur ma vie j'ai préféré garder le silence. Il y a certains membres de ma famille, des cousins, des cousines, des oncles qui témoignent à droite à gauche, puis je peux découvrir parfois surpris que quelqu'un qui m'est totalement étranger en sache autant sur moi. Mais bon, ça, c'est la vie. Pour résumer, je vais dire, je n'ai pas été plus dans la douleur ou dans la souffrance qu'un autre béninois moyen ou encore un autre béninois dont la famille a été disloquée du fait de la politique. C'était l'époque de la révolution féroce où Kérékou[7] ne tolérait pas les contradicteurs. Il semble que mon père en était un, mais alors l'un des plus véhéments. Pour le reste, la bravoure de ma mère et avec un peu de chance, on s'en est sorti. Je rends grâce à Dieu.

À en juger par vos mensurations, notamment votre taille en longueur pas loin de 2 mètres, vous avez dû tenir en respect vos amis d'enfance surtout aux jeux physiques ?

(Sourire) Absolument... Là, vous avez deviné. J'avais l'avantage physique et je l'exploitais, j'en abusais parfois. Je dominais facilement des gens du même âge que moi. Jusqu'à la blessure ! Quand vous me cherchiez bagarre, vous saviez d'avance que ça allait vous coûter au moins quelques gouttes de votre sang. C'était le pari. C'est-à-dire que battre un camarade à l'époque, ce n'était pas seulement gifler celui-ci.

---

7 Mathieu Kérékou, militaire et homme d'État, né en 1933, Mathieu Kérékou accède à la présidence du Dahomey actuel Bénin après un coup d'État militaire et installe le régime révolutionnaire.

C'était le marquer. Et on mettait un point d'honneur à marquer ceux qui nous cherchaient querelle. J'étais de cet acabit-là. Donc, l'avantage physique, effectivement, j'en ai profité, à la fois pour me défendre contre les adversités, mais aussi pour affronter quelques défis de jeunesse ; les jeux notamment.

À cette époque, au foot, vous teniez les buts comme gardien, selon mes informations. Aujourd'hui, il n'est pas rare de vous voir en week-end aller jouer au Basketball. Vous avait-il traversé l'esprit d'avoir une carrière de sportif quand vous étiez plus jeune ?

Bien sûr ! Vous êtes décidément bien renseigné. J'ai été gardien de but de l'équipe du CEG II de Ouidah. C'est vrai que le football à l'époque réussissait rarement à des gens de conditions modestes comme nous. Après, les frustrations m'ont amené à préférer le Basketball. J'en suis un passionné. Jusqu'aujourd'hui, je fais un peu de foot un peu de basket. J'étais, comme on dit des enfants d'aujourd'hui, un superactif. Je faisais beaucoup de jeux : pétanque, belote, jeu de dames - j'ai été plusieurs fois champion de Ouidah dans les catégories jeunes, pendant des années. J'affrontais mes professeurs de Mathématiques et consorts que je tenais en échec au jeu de dam. Bref, j'ai toujours été un bon compétiteur, sans fausse modestie.

Aviez-vous un métier de rêve ?

Écrivain. En fait, comment ai-je découvert l'écriture ? Moi j'ai découvert l'écriture par la violence.

Comme j'avais ma petite réputation de super violent, on me conseillait plutôt de beaucoup prier si je ne voulais pas finir dans une prison. Et la seule façon de prier c'était d'aller à la mosquée. Je détestais suffisamment la colère en moi, mais je ne savais pas comment la contenir. J'ai donc commencé à m'éloigner de mes amis. Et, quand tu es seul, exilé dans un coin du quartier, pour ne pas avoir à te battre ou à te disputer avec les autres, tu cherches des exutoires. Les livres sont ainsi devenus mes exutoires.

Des livres ?

Absolument ! Je lisais tout ce qui me tombait sous les mains : les bandes dessinées de l'époque, les Akim, Blek, Zembla et autres, je lisais tout et tout. J'étais passionnément intéressé par les actions, comme dans un film. Chemin faisant, je me suis déplacé de Ouidah pour aller rejoindre finalement mon père à Lomé. Il avait une petite bibliothèque riche de quelques vieux livres ennuyeux. Tout le registre que lisaient les intellectuels de l'époque était là : André Gide, Léon Gontran Damas, Aimé Césaire, Léopold Sédar Senghor, Frantz Fanon, etc. Je ne comprenais pas tout, je n'étais pas emballé, mais je n'avais que ça. C'était la bibliothèque de papa. Il fallait être délicat avec ses livres. C'était une autre littérature, ce n'était plus les bandes dessinées que j'avais à Ouidah. Donc voilà, j'ai découvert les livres et la lecture et comme je n'avais que ça comme nourriture, je me suis consacré à ne manger que ça. Aujourd'hui encore, je me rends compte que c'était plutôt de la formation et de la bonne nourriture. Mais à l'époque, je le faisais pour me canaliser, m'occuper, passer du temps, découvrir le monde, ce n'était pas dans un but précis. J'ai découvert après, pendant ma formation, que j'avais une bonne longueur d'avance sur mes camarades – et ce n'est pas de la prétention - avec mes professeurs on se contredisait souvent sur la compréhension des tournures, les formulations ; par exemple, *Le Cid* de Pierre Corneille, moi j'ai lu ce texte une cinquantaine de fois. Ça fait que je rectifiais, je corrigeais mes enseignants. Bref ! Après, je devais répondre à la question de mon père. Il tombait régulièrement sur les brouillons que je laissais exprès traîner : « bon, tout ce talent-là qu'est-ce que tu vas en faire ? ». En toute honnêteté, je ne savais pas que ça allait m'emmener à l'écriture. J'étais passionné par la lecture. Un accro. Rien de plus. Je lisais souvent plusieurs fois les mêmes livres. C'est sur des conseils d'amis et de l'une de mes cousines à laquelle je destinais la plupart de mes poèmes que j'ai redoublé d'ardeur. La foi est venue plus tard. Sinon, au début, j'étais juste un lecteur. Un accro. Rien de plus !

C'est donc par la littérature que vous avez rencontré l'art

Tout à fait ! Comme qui dirait, l'écriture mène à tout. Moi, comme je me réfugiais dans l'écriture, j'ai appris à m'en servir pour séduire les femmes, je n'osais pas m'en approcher parce que j'avais peur de mal réagir ou de tout briser. Je craignais à ce point-là, la colère en moi. La femme, je n'osais pas m'en approcher, mais je pouvais en parler et n'en parler que sur des papiers. Mes premiers poèmes sont d'amour. Je me servais de l'écriture pour célébrer la femme. Évidemment, j'ai appris plus tard que tous les écrivains suivaient le même rituel (rire). C'était comme un lieu intime où je pouvais me libérer des mystères auxquels je pouvais me confier. Après, vous prenez du recul pour relire ce que vous avez écrit et vous le comparez à ce que les autres ont écrit avant. Je pense à Arthur Rimbaud, à Édouard Maunick ou encore à Pablo Neruda, et vous vous dites : ce que j'écris n'est pas aussi beau que ce que les autres ont écrit. Donc « je n'y suis pas encore » … Ça a été d'abord par les écrits des autres ; en lisant d'abord d'autres auteurs, ensuite en osant me comparer à eux. (Rire)

Le journalisme, vous l'avez pratiqué un moment. Mais ce métier et vous, c'est quand même une histoire qui a commencé depuis Lomé. Veuillez bien m'en parler un peu.

Ah Lomé… La belle époque ! Les camarades avec lesquels je fréquentais s'attendaient à chaque restitution de copies à ce qu'un professeur vienne lire la copie de ''Monsieur Alédji, le Béninois''. Parce que je ne parlais pas comme les autres, enfin, c'est ce qui se racontait. Après, j'ai pris sur moi, sans prévenir mon père, la décision d'aller faire un stage dans les journaux : *Courrier du Golfe* et ensuite *La biche*. C'étaient des journaux de l'opposition financés à l'époque disait-on, par Monsieur Gilchrist Olympio[8]. Quand je

---

8 Gilchrist Olympio, né en 1936, surnommé « le maréchal », est un

sortais des cours, j'allais passer du temps dans ces rédactions-là pour m'exercer. Et bizarrement, ce que je laissais a commencé à sortir dans la presse togolaise. Quand mon père a réalisé que j'écrivais dans les journaux togolais, il a paniqué. On était en 1990 où le Bénin venait de faire sa conférence nationale, le Togo voulait suivre l'exemple du Bénin. C'était très tendu. Les gens disparaissaient du jour au lendemain. Mon père revient à la maison et il me dit calmement : « toi, tu rentres à Cotonou demain. Commence à faire tes valises ». Bref ! Je suis rentré un peu plus tard. Mais pas à Cotonou. Je suis retourné à Ouidah. Rien n'avait bougé. Si. Moi. Je n'étais plus la même personne. J'ai enseigné un peu à Ouidah et j'ai rejoint peu de temps après ma mère, à Cotonou.

Comment êtes-vous rentré dans la presse béninoise ?

Ma mère habitait le quartier Jonquet en face de la mosquée. Elle est fille aînée de ses parents décédés et avait quelques privilèges. Quand je l'ai rejointe après un petit détour à Dakar, il me fallait un job. Le siège du journal *Le Matin* était à cinq minutes de chez moi. C'est ainsi que je suis rentré dans la rédaction de *Le Matin*. À l'époque notre patron était un algérien : Saïd Saanoun, le fondateur. Édouard Loko et Charles Toko, l'un des deux était le rédacteur en chef. Ensuite j'ai traîné un peu avec notamment Florent Hessou

---

homme politique togolais. Fils du père de l'indépendance Sylvanus Olympio, longtemps opposant au régime dictatorial de Gnassingbé Eyadema.

qui publiait lui à *Forum hebdo* et moi j'essayais de publier quelques articles dans *La gazette du Golfe* avec l'aide de mon ami, le défunt Comlan Émile Tchokpon, paix à son âme. C'étaient les premières années de la presse écrite privée béninoise.

Vous avez été enseignant – vous continuez de l'être dans une certaine mesure, on y reviendra. Que peut-on savoir de ce chapitre de votre vie ?

Quand j'ai quitté Lomé, j'ai cherché à travailler, ma maman a beau être d'une famille de bourgeois yoruba propriétaire terrien à Jonquet, j'avais un jugement sévère à son encontre. Donc j'ai préféré rester dans la famille de mon père à Ouidah où j'étais tout seul. Il fallait trouver un job, pour ne pas replonger dans les couvents de Egungun[9]. Bref ! J'ai alors pris sur moi la responsabilité de m'approcher de certains collèges et écoles privés à Ouidah. Certains m'ont offert quelques heures pour enseigner. J'ai pratiqué l'enseignement pendant environ deux ans et pendant ce temps, je faisais des allers-retours Ouidah-Cotonou et j'écrivais toujours mes poèmes et mes pièces de théâtre. Aujourd'hui j'enseigne le théâtre dans les universités du monde. Pas mal non ?

Parlant de théâtre, il s'est évidemment imposé tant à l'écriture qu'à la mise en scène, puisque vous êtes surtout reconnu aujourd'hui comme dramaturge et metteur en scène. Quelle est l'his-

---

9 Egungun ou egoun-goun ou encore kouvitos : encore appelés revenants, les Egungun représentent le symbole de l'esprit du mort qu'on suppose revenu pour se manifester aux vivants.

toire de la compagnie Agbo N'koko et quels étaient ses objectifs lorsque vous la créiez ?

Merci. Là-dessus, je vais être un peu long, vous m'en excuserez. C'est le patron du journal *Le Matin* qui, justement un matin, en regardant sur ma table à la rédaction, s'est rendu compte qu'il y avait une pile de documents et ce n'étaient pas des articles, mais des poèmes. Il les avait ramassés comme quelqu'un qui allait les mettre à la poubelle ou quelque chose du genre, je l'ai suivi du regard, un peu choqué. C'étaient quand même mes brouillons à moi ! Mais non, il est allé s'asseoir dans son bureau pour les lire, et en est ressorti le lendemain avec le document tout mis en ordre et agrafé puis me dit : « Vous ressaisissez ça, je vais demander à l'imprimerie de vous faire une maquette. Ce sont de beaux poèmes que vous écrivez là ! ». Je dis : « Ah bon ! ». Il dit : « Oui, ils sont intéressants. Si vous trouvez par exemple un parrain, vous pourrez éditer cette plaquette, moi je trouve que c'est très intéressant ». J'avais évidemment déjà reçu des compliments, mais c'étaient des compliments de parents et d'amis dont tu peux douter de la franchise. Mais là, c'était de la part d'un Algérien patron de presse ! Alors, je me suis dit : ça veut dire que ce n'est pas mal quand même ce que je fais. J'ai saisi comme il me l'a suggéré et effectivement il a tenu parole en me fabriquant à l'imprimerie du journal *Le Matin* la maquette en cinq exemplaires. J'ai dès lors entrepris d'écrire à des responsables politiques. À l'époque il n'y en avait pas des milliers comme c'est le cas aujourd'hui. J'en ai envoyé au président de la République de l'époque, monsieur Nicéphore Soglo ; j'en ai envoyé à Sévérin Adjovi qui était célèbre et riche, à Gatien Houngbédji, etc.

Un mois après, je reçois une réponse, courrier recommandé, à l'adresse de ma mère à Cotonou que j'utilisais. Une réponse qui venait de la Présidence de la république. Elle a paniqué. Mon père lui avait déjà parlé de moi. Elle a dit : « toi, tu viens à peine à Cotonou et déjà la Présidence commence par t'écrire ! Qu'est-ce que tu es allé chercher là-bas ? » Moi-même, je ne m'attendais pas à une réponse aussi rapide. Donc je me suis dit : lisons voir. J'ouvre et c'était une réponse à mon courrier. Pour quelqu'un qui venait du Togo où on jetait plutôt les gens dans la lagune et où le président était réputé monstrueux, je vois une réponse signée du président Nicéphore Soglo qui me demandait de me présenter à son cabinet à une date donnée et de demander à voir son directeur adjoint de cabinet - c'était Monsieur Issa Kpara. C'était ouf. J'étais dans tous mes états. Avant ce rendez-vous, je n'arrivais même plus à dormir. J'écrivais de plus en plus. Je voulais écrire comme je n'avais jamais écrit avant. C'était en soi déjà pour moi une petite consécration.

Donc je vais à ce rendez-vous et Issa Kpara qui a lu déjà la maquette et qui me reçoit au nom du Président Nicéphore Dieudonné Soglo. Il me dit « vos poèmes sont intéressants, vous écrivez bien, mais la poésie ne nourrit pas son homme, vous êtes un jeune plein de talent ». Il m'a demandé si j'avais fait l'université du Bénin. J'ai dit : non, je viens de Lomé et j'ai fait quelques incursions à l'école Senghor à Dakar l'équivalent du CEBELAE[10] au Bénin, je crois. À Dakar on m'a dit qu'avec mon attestation je pouvais m'inscrire en 3e année dans n'importe quelle université de l'espace francophone pour faire une licence. Monsieur Issa Kpara me dit : « je vais vous envoyer vers le professeur Guy Ossito Midiohouan qui va vous parrainer pour que vous finissiez vos études ici à l'université. Et, au lieu d'écrire des poèmes et d'espérer en vivre, je vous recommande plutôt d'écrire des pièces de théâtre. Au moins elles, elles peuvent être jouées et vous faire connaître. Et si vous êtes connus, vous pouvez vendre vos poèmes après comme vous voulez, car en ce moment-là le théâtre vous aurait fait connaître déjà et si vous êtes membre d'une compagnie de théâtre c'est encore mieux. Moi je suis un passionné de théâtre ». Il a appelé le professeur Midiohouan devant moi et m'a donné son contact. J'ai suivi ses conseils. Et voilà comment j'ai été amené à rencontrer toutes les compagnies de théâtre qu'il y avait à l'époque à Cotonou. Mais aucune, je dis : aucune de ces compagnies et troupes n'a voulu de moi. Je les ai vues toutes à l'époque.

Les *Wassangari* n'avaient pas encore joué, ils étaient en création de « *Soleil noir* ». C'était leur première création et ils répétaient dans une école derrière l'église Saint-Michel de Cotonou. Après les *Wassanga-*

---

10 Centre béninois des Langues étrangères

ri, j'ai vu les *Kpanlingan*, après j'ai vu *Les Muses du Bénin*, *La Palme rouge*, etc. J'ai fait le tour. Aucune compagnie ne voulait d'un « Togolais » qui vient comme pour jouer les écrivains. Cela m'a un peu déçu, mais comme j'avais déjà la foi féroce, j'ai continué à écrire. Et un après-midi je suis allé au Centre Culturel Français (CCF) de Cotonou, à la bibliothèque pour lire, puis là je rencontre Nicolas de Dravo Houénou dont j'avais vu le film *Attention professeur* sur les écrans à Lomé. Je dis : « Tiens ! Tiens ! Vous, je vous connais. Il dit « ah bon ? Comment me connaissez- vous ? », Je dis : « Vous êtes un comédien connu, et moi je suis un écrivain. J'écris du théâtre et j'essaye de mettre en place une troupe de théâtre ici pour jouer des pièces écrites par des auteurs béninois, y compris moi-même. Vous êtes le premier à qui j'en parle et si vous êtes d'accord, on va y réfléchir ». Pour faire court, c'est ainsi que l'aventure du théâtre Agbo N'koko a commencé avec Nicolas. Mais lui me donne rendez-vous et va se perdre dans ses affaires d'église et je ne l'ai plus revu. Donc moi j'ai continué et entre temps, j'ai rencontré Francis Hossou connu à l'époque sous le nom de Cancrelat du tempo. J'étais dans le jardin du CCF en train d'écrire et lui m'aborde avec son humour. Il dit : « Vous, tel que vous avez la tête dans les papiers-là, vous devez être un écrivain. ». Je dis : « Oui, en tout cas j'écris, mais je travaille aussi au journal *Le Matin*. Il se présente avec emphase : « Moi je suis comédien-humoriste ! Si vous voulez, on peut travailler ensemble ».

En fait, le théâtre Agbo N'koko avait d'abord travaillé avec Francis Hossou alias Cancrelat du tempo. Il était très bon. À l'époque. Il faisait du stand up et moi je déclamais mes poèmes. On était début 92. Puis, un après-midi, de Dravo finit par repasser par là. Au CCF. Et il me dit : « Je vous ai cherché partout ! Je suis venu ici sans vous retrouver ». Là, on s'est assis et il m'a dit : « J'ai même parlé de vous à des amis, ils sont prêts. Si vous êtes prêts, on va commencer. » C'est comme ça que le théâtre Agbo N'koko est véritablement né et les premiers spectacles on les a faits avec Nicolas de Dravo Houénou, Kombert Quenum, Joël Lokossou, Keith Aguégué, Sophie Metinhoué, Olive Gbédji et d'autres dont j'oublie le nom. Le premier spectacle on l'a présenté le 10 juin 1993 au Centre Culturel français de Cotonou. Le spectacle s'appelait *Les enfants d'aujourd'hui*. Grâce à Justin Sossou, un animateur de la radio nationale, on a passé quelques invitations par la radio et le CCF était rempli. On a joué trois fois, c'était tout le temps plein. On a gagné beaucoup d'argent, pour l'époque. Le premier spectacle du théâtre Agbo N'koko m'a rapporté plus d'argent en recette directe que tout ce que j'ai fait après. Du coup, je n'avais pas le choix, je devais me consacrer à ça, et à l'écriture.

Je profite de l'occasion que vous m'offrez pour saluer amicalement tous ces comédiens dont certains sont encore avec moi, mais surtout pour rendre hommage et remercier messieurs Nicéphore Soglo, Issa Kpara et Guy Ossito Midiohouan. Sans chacune de ces personnes, je ne serai sans doute pas le même Ousmane Alédji.

Avant l'an 2000, vous étiez déjà à plus d'une quinzaine de pièces écrites et de spectacles montés, avec plusieurs distinctions à l'international. Mais comment fonctionniez-vous dans les créations pour atteindre ce record ? Quelles étaient les motivations ?

La foi. La foi. Je n'ai pas d'autre réponse. Je crois sincèrement que Dieu est très généreux avec moi. C'est pour cela que mon garçon qui va au Bac cette année s'appelle Oluwafèmi[11].

Vous croyez en Dieu ?

Et comment ! À ma place, je vous jure que même Einstein croirait en Dieu.

À en juger par les trophées qui ornent vos bureaux, et votre réputation, on dirait que le succès est arrivé très vite.

Les trophées, je les mets là parce que je ne peux pas les jeter. Ce n'est pas par exhibitionnisme. Il y en a d'autres à la maison. C'est aussi vrai qu'on a fait pas mal de choses intéressantes. Et ce n'est pas terminé. Dieu ne fait jamais rien à moitié... Sérieusement. Après la création *Les enfants d'aujourd'hui*, le Bénin devait organiser le sommet de la francophonie en 1995 et ils ont organisé un concours de pièce de théâtre. Le spectacle lauréat devait être présenté à la soirée de gala devant

---

11 Oluwafèmi, en langue Yoruba signifie 'Amour de Dieu'

les chefs de délégations, les chefs d'État, les premiers ministres. Le théâtre Agbo N'koko a postulé avec une de mes pièces, *Amour et sang*. Et on m'a appelé pour me dire : « vous êtes élu 1ᵉʳ prix de la Francophonie ». Donc je passe d'une étape à l'autre, souvent couronné de succès. Puis comme par hasard, je recevais ce Prix-là des mains du premier ministre canadien Jean Chrétien et le préside Nicéphore Soglo. Mon père étant à Ouidah pour fêter la Tabaski en famille. Ils suivaient le journal à la télé et entend Ousmane Alédji. « Quel Ousmane ! » C'est en voyant ma tête qu'il a réalisé que c'était bien moi, son fils. Ce prix-là a un goût particulier. C'est pour ça que j'en parle.

Notre bibliothèque ici s'appelle bibliothèque Nicéphore Soglo parce que ce monsieur s'est retrouvé deux fois sur mon chemin et m'a à chaque fois fait faire un bond. Je suis persuadé que s'il était encore à la tête de la ville, le centre Artisttik Africa aurait échappé à bien de déconvenues. C'est aussi pour cela que jusqu'à ce jour, je m'applique à répondre à tous les courriers, sauf ceux qui ne me parviennent pas. Je peux vous répondre et ne pas vous satisfaire, mais je vous réponds toujours parce que je sais ce que c'est que l'attention. Le poids de l'attention, je connais ça.

L'âme où j'ai mal, devenu plus tard *Cadavre, mon bel amant*, vous a valu une résidence d'écriture en l'an 2000 à Limoges. On a comme l'impression que ce texte se présente comme une évacuation de trop-plein longtemps cotisé. Que pensez-vous de ce point de vue ?

Absolument vrai ! Je vous remercie de cette lecture-là. Je vous parlais de colère, mais il y a aussi le trop-plein. C'était l'époque où il y avait tellement de violences ; moi j'en avais en moi, mais il y en avait suffisamment aux alentours. Il y avait la guerre du Libéria qui faisait rage à l'époque ; dans les deux Congo aussi. Les gens se massacraient, ils tuaient, ils violaient des enfants, etc. C'étaient tout le temps ces images-là à la télévision. Je me suis dit : bon, pourquoi, il n'y a que la télé pour nous parler de ces choses-là ? Il faut en parler autrement. Et Dieu dans tout ça ? C'est l'éternelle question quand il y a comme une déferlante de violences. Chacun se demande : « mais où est Dieu pendant que ça se joue ? ». Donc vous avez vraiment vu juste. J'ai reçu le prix Radio Cultures France, une bourse et une Résidence à Limoges, lecture spectacle et séjour artistique à Avignon. C'est différent de RFI, Radio Cultures France. Florent Eustache Hessou était, lui, à la Châtreuse à la même époque, lauréat du prix Beaumarchais, je crois. C'est une sacrée plume, Florent Hessou[12]. Si vous enfermez ce monsieur, il vous sortira un volcan. On s'est bien amusés.

Et *Imonlè* donc ! Ce spectacle apportera un réel coup de projecteur autant sur vous, sur les comédiens distribués que sur des richesses et convictions de l'Afrique avec une tournée mondiale de plus de 150 dates. Comment est née l'idée de création de ce spectacle ?

---

12 Florent Eustache Hessou, homme de culture né en 1968, est journaliste et écrivain béninois.

Merci ! À tout Seigneur, tout honneur, j'ai rencontré un monsieur bizarre qui est devenu mon ami par la suite – et il reste le plus vieil ami français que j'ai- il s'appelle Éric Prémel. Il était le patron du festival « Paroles d'hivers » qu'il organisait à l'époque dans les Côtes-d'Armor. On était en 1997 au Marché des Arts du Spectacle africain (MASA) où on devait présenter le spectacle *Et les nègres se taisaient*. J'ai croisé Éric dans un couloir du MASA. On a échangé quelques minutes et on s'est séparé. Je l'ai évidemment invité à venir voir mon spectacle. Il est donc venu voir *Et les nègres se taisaient*. À la fin il me dit : « je vais vous inviter à mon festival. Le spectacle est un peu lourd. Vous êtes sept, je ne peux pas déplacer ça, vos décors sont trop lourds. Moi j'organise un festival sur la parole et l'oralité, mais je vais vous inviter et vous allez venir pour voir comment les choses s'y passent. On va payer votre séjour et après on va parler de projet ». Ce monsieur bizarre a tenu parole. Six mois - huit mois après j'étais à son festival et j'ai vu qu'il y en avait qui faisaient un spectacle d'une demi-heure tout seul ; des performances d'acteurs extraordinaires. Un soir Éric Prémel est venu s'asseoir à ma table avec deux verres et une bouteille de côte de Rhône et me fait : « Monsieur Alédji, qu'est-ce que vous pensez de tout ça ? » Je dis : mais ce n'est pas du théâtre, c'est des performances d'acteurs, c'est des conteurs, c'est des gens qui ont un certain talent d'orateur. Il dit : « justement ! C'est ce que j'allais vous demander. Vous, Béninois, prince Nago – il avait lu mon CV et ma présentation- vous comprenez entre cinq à sept langues de chez vous, mais pourquoi vous écrivez en français ? Pourquoi vous créez en français ? » Je lui dis presque naïvement : mais l'écriture est française chez nous ! Il répond « et pourquoi le théâtre doit être français ou francophone uniquement ? ». Ça a été un long débat. Quand je suis rentré à Cotonou, je lui ai envoyé un projet presque aussitôt. *Les Wassangari* faisaient déjà des contes. Je ne voulais pas faire la même chose. Ce que j'ai vu à son festival m'a donné envie de créer un spectacle autour des mythes nagos, notamment le Guèlèdè[13] et, plus loin, j'ai envie de brasser l'histoire politique de l'Afrique contemporaine. Il dit : « allez-y, je mets le budget à votre disposition. À la fin, je prends le spectacle et je le programme chez moi. » Bref, il a passé la commande du spectacle et c'était la première fois que j'avais un énorme budget de création, donc un vrai budget de création. Je me suis dit, si un monsieur que je connais à peine met autant d'argent entre mes mains, je vais prendre les meilleurs de la place pour que le travail aussi soit à la hauteur de la confiance placée en moi, de mes capacités. C'est ainsi que *Imonlè* est né. J'ai eu là encore une belle équipe de comédiens. On a bossé. Et ce monsieur a tenu parole jusqu'au bout.

---

13 Guèlèdè ou Gèlèdè est une cérémonie pratiquée par la communauté Yoruba-Nago établie dans la région Yoruba-Nago au Bénin, au Nigéria et au Togo. Des chants en langue yoruba, de la musique par quatre tam-tams et des danses masquées ont lieu à la faim des récoltes et lors d'événements importants. « Le patrimoine oral Gèlèdè » a été originellement proclamé en 2001 puis inscrit en 2008 par l'UNESCO sur la liste représentative du patrimoine immatériel de l'humanité.

Non seulement il a financé la création, mais il l'a fait tourner. Des années à tourner dans le monde entier, ça vous fait une carrière.

***Imonlè*, c'est du théâtre rituel, du théâtre engagé, un réel melting-pot où la parole prend le pouvoir. La parole, justement, dans ce spectacle, emprunte son code à la langue yoruba et vous avez expliqué comment cette idée a germé. Mais, le Yoruba, la plupart des spectateurs du monde ne le comprennent pas, ces derniers tombent néanmoins sous le charme du spectacle. Vous l'aviez ainsi envisagé ?**

Merci. Il y a ce que j'ai découvert avec mes nombreux voyages en France et dans les salles de spectacle à l'étranger. Le public. Ça reste aujourd'hui encore ma principale hantise. Tantôt condescendant, tantôt généreux, tantôt ravi. Jamais secoué ! Jamais sincèrement bouleversé. J'avais le sentiment, et cela reste vrai, que quand les Africains jouent en « français », le public français a le jugement facile, complaisant et parfois méprisant, du seul fait que les acteurs parlent français ou que l'auteur se prévaut d'une certaine qualité d'écriture. J'avais le sentiment que mon travail n'était pas salué à sa juste valeur. Je me garde de généraliser bien évidemment. Mais il faut le dire ; il y a en Europe notamment, un certain public qui se croit dépositaire de l'art théâtral et qui réduit tout le théâtre à l'expression, à la langue. Ce public-juge est absolument insupportable. J'ai donc décidé de le désarmer. C'est parce que j'écris une langue qu'il revendique, parce que je fais jouer des comédiens dans une langue qu'il revendique qu'il se croit détenteur de la sentence, donc maître de mon destin professionnel. Ce pouvoir, je vais le lui prendre. Depuis lors, moi j'ai commencé à travailler sur la pertinence de l'ensemble de nos options.

Parce que vous en avez beaucoup ?

Ah oui ! Absolument !

Expliquez un peu…

L'écriture dominante, le théâtre d'auteur est une option ; la mise en avant du corps est une option, les rythmes, les masques, etc., l'esthétique générale d'un spectacle est un choix.

Cela peut déteindre sur l'ampleur de la diffusion.

Le risque est à courir. Il faut faire confiance à la capacité transcendante de la qualité. De toutes les façons, créer un spectacle de théâtre aujourd'hui, c'est répondre à un ensemble de questions et non pas satisfaire juste un rêve, une envie ou une folie créatrice.

Avez-vous trouvé une réponse à vos questions ?

Je n'ai pas de certitude, mais j'ai choisi de proposer mes mystères. C'est-à-dire que, j'aimerais que l'autre, le public, fasse un bout de chemin pour aller à ma rencontre. Je ne lui livre plus tout. Je ne lui donne plus tout. Je ne lui explique rien du tout. De la même façon que moi j'ai fait des efforts pendant des années, des études pendant des années pour percer ses mystères, le mystère de ses langues, le maniement de ses langues, la création dans ses langues, de cette même façon, je lui demande, ne serait-ce qu'un tout petit effort, pour rentrer dans mes mystères à moi. Les sonorités, la musicalité, la poésie le mystère qui habite nos langues, nos manières d'être, de créer… Le mystère qui habite l'art africain en général – je le mets entre guillemets -, je les lui propose désormais.

Ce public pourrait faire un autre choix aussi.

C'est son droit. Mais s'il veut aller voir l'un de mes spectacles, il devra faire des efforts. Je ne fais pas du théâtre rituel, je revendique le théâtre des mystères.

Les mystères ne sont pas accessibles à tout le monde.

Nous sommes d'accord. Je ne crée pas pour tout le monde. Je crois que la capacité de comprendre quelque chose, de comprendre quelqu'un se mérite aussi. Celui qui sait lire ou, qui a l'humilité de ses limites, celui-là sait qu'en face il y a de l'art. Il y trouve de la nourriture au plan intellectuel et artistique, mais aussi de l'enrichissement spirituel. D'une certaine façon, les deux désormais pour moi font chemin. Et, comme par hasard, ça marche. C'est aussi la preuve que le marché mondial a soif de nous, authentiques. Les gens n'en peuvent plus d'adouber des imitations folkloriques et des écritures frelatées. C'est notre problème si nous n'arrivons pas à dépasser les résidus du colonialisme et nos complexes du prototype.

Est-ce qu'on peut en déduire que pour impressionner les autres il faut rester soi ?

Totalement. Mais pas pour impressionner. Pour que la rencontre soit désirée. Pour que l'autre soit sincère aussi dans sa démarche vers vous, dans son désir de vous rencontrer, de vous accepter. Il faut que nos différences soient un lieu de rencontre. Je crois qu'il faut éviter de faire de nos créations des perpétuations de nos ressemblances, des imitations, des copies de l'autre. Tenez, un exemple : vous êtes habillé et l'autre vous dit « Monsieur, votre pagne-là, vous l'avez trouvé où les motifs racontent quoi ? ». Parfois, vous avez le sentiment que c'est naïf. Mais non. Vous avez donné envie à l'autre ; il a envie de comprendre. Cette envie-là n'est pas banale. C'est cela, la vocation d'une création artistique. Donnez envie à l'autre, soulever des questions autour de soi. Le plus gros piège pour un créateur ce sont ses propres complexes.

Restons encore un peu avec *Imonlè*. On peut lire dans cette création votre admiration pour l'homme d'État congolais anticolonialiste mort assassiné, Patrice Emery Lubumba.

Parmi justement les enseignements forts que j'ai reçus de mon père, il y a ce que je considère comme la fierté d'être africain. C'est-à-dire que c'est un sentiment qui ne l'a jamais quitté. Mon père était un admirateur d'abord de Senghor. À l'époque on disait même qu'il faisait tout pour ressembler à Senghor. Et quand Senghor a trahi supposément la cause, ce sont les mots de mon père, en jetant tout pour aller se saborder avec le système colonial, ensuite son mariage avec une Normande et sa réception à l'Académie française, mon père a tout jeté. Tout ce qui ressemblait à Senghor autour de lui, il a tout jeté. Parce que pour lui, c'est comme si Senghor avait sacrifié ce qui était le plus précieux en lui. Désormais ses maîtres à penser c'étaient surtout Aimé Césaire, André Gide et Frantz Fanon. C'étaient des gens qui sont restés, pour ainsi dire, dans le droit chemin. Préserver la fierté africaine.

Donc, pour revenir à votre question, il y a un peu de ça. J'ai été nourri à cette source-là où on m'a formé à être fier et à savoir me satisfaire des valeurs qui m'habitent et que je porte malgré moi parfois, mais qui sont des valeurs avec lesquelles je peux aussi séduire l'autre, je peux convaincre l'autre, je peux rencontrer l'autre. Ce n'est pas pour rien que le spectacle s'ouvre par une citation d'André Gide. « Si riche et si belle que soit notre civilisation, notre culture, nous avons enfin admis qu'elle n'est pas la seule. L'on commence à percevoir des voix que l'on n'avait pas voulu écouter, à comprendre que n'est pas nécessairement muet ce qui ne s'exprime pas dans notre langue. Que ce qui diffère de nous, mieux que ce qui nous ressemble, nous instruit. » Ça c'est André Gide. C'est dans Imonlè,t c'est avec ça que le spectacle s'ouvre. C'est pour vous dire qu'on vient de là. Le bénéfice de l'ensemble de ces lectures, c'est la culture des modèles et des références ; un sédiment absolument incorruptible. Lumumba était l'un de mes préférés.

On a évoqué l'ambiance de violence autour de vous et en vous. Mais on va en reparler parce qu'une partie de votre tendre jeunesse s'est passée autour des années 80, une époque teintée d'agitations politiques et leurs corollaires dans nombreux pays africains dont le Bénin. La révolte et la violence dans votre écriture ne doivent-elles pas beaucoup à cette réalité-là aussi ?

Absolument ! L'écrivain se nourrit de ce qui se passe autour de lui. Je dis, pour être un peu trivial, que l'écrivain est le plus grand voleur du monde. Un écrivain, il vole à tout et à tout le monde. Il vole à son alentour. Il vole à ses amis, leur mode de vie, leurs paroles fortes. Il vole même à sa propre intimité. Quand il fait l'amour, sans le savoir, il enregistre des choses et au moment où il écrit, tout ressort. Donc, en fait, on ramasse. Effectivement, la violence qui m'habite transparaît de temps en temps dans mon écriture. Ajouté au fait que j'aime questionner les cris et les douleurs. Ce qui semble être conventionnel ou convenable me fait moins vibrer.

C'est aussi une manière d'être humaniste ?

Si vous voulez. Je dirais être proche des gens. Le théâtre doit interroger l'humain ; donner envie à l'autre. Un théâtre rempli d'artifices et de performances technologiques peut être intéressant, mais ça fatigue vite les gens. Entre parenthèses, j'apprécie de plus en plus la programmation du Festival de Cannes. Quand vous observez bien, non seulement la programmation et les films qui sont récompensés, ce sont des films humains qui parlent à l'humain, qui racontent des histoires humaines proches des gens. Parce qu'au final, nous sommes des humains et nous créons pour des humains.

Et, ce phrasé décousu parfois même propre à l'argot dans votre écriture, est-ce une manière de se rebeller vis-à-vis de la langue française ? Ou s'agit-il juste d'une option de création ?

Les deux. Il y a le langage courant que des personnages revendiquent. Ce n'est pas Ousmane Alédji. Il y a des personnages qui vous revendiquent leur style linguistique, leur façon d'être naturels. Il y a aussi le rythme de la parole. Vous savez, la parole raffinée, maîtrisée, scientifiquement construite, ça demande beaucoup d'habits et d'apparats. Maintenant, la parole courante, furieuse, folle, celle qui sort par saccade, elle vous vient sur la langue et vous la laissez couler. J'ai créé beaucoup de personnages de ce type parce que souvent, ce sont des personnages qui aiment marcher sur les conforts, les règles et les tranquillités. Je suis un vrai casseur.

J'ai évoqué la violence tantôt. L'âpreté de votre verbe avec les images violentes qu'il projette parfois m'amène à vous lier à Sony Labou Tansi. Que représente cet auteur congolais pour vous ?

Sony Labou Tansi ? Non ! Non ! Certainement pas. C'est même l'un des auteurs avec lesquels je suis très sévère. Il y a Sony et Amadou Kourouma dans un sens avec son registre très populaire. Moi j'ai beaucoup écrit contre le formatage et les produits marchands. Le formatage des intellectuels africains ; des créateurs africains, des écritures africaines. Et le formatage vient du fait que le marché n'existant presque pas chez nous, que les producteurs n'existant pas chez nous, que les commandes nous viennent du Nord et comme par hasard, nos commanditaires nous précisent les critères du produit qu'ils veulent bien mettre dans leur marché. Du coup, nous créons pour répondre à la demande, pour satisfaire nos commanditaires et incidemment nous devenons des faiseurs de produits formatés. Parfois ces produits servent à créer des courants, à installer un modèle, un standard bon pour les Africains. Pour être reconnu comme auteur, il faut écrire comme tel ou tel auteur. Je suis contre ce diktat. C'est inadmissible. Je suis souverain ou rien, mais certainement pas le pion de quelqu'un.

Est-ce à dire que ces auteurs-là n'ont eu aucune influence sur votre travail d'écriture.

J'espère que oui. Ils m'auront aidé tout au moins à éviter le piège dans lequel je les ai vus se débattre. Je ne suis pas et ne serai le faiseur de produits de personne. Parce qu'un produit ne trompe personne. Et comme tout produit, ça marche un temps, après, ça tombe dans l'oubli, ça passe la mode. Comme toute mode d'ailleurs, il arrive un moment où ça passe. Les plus grands artistes sont éternels. Pour revenir à votre question, Sony, pour moi, n'est pas du tout un maître. Il est devenu un faiseur de produits. Je suis sévère là-dessus et je l'assume. Il faut aller cher-cher le livre dans lequel il y a *La parenthèse de sang* et *Je soussigné cardiaque*. Ce livre-là, pour moi, reste un livre emblématique de l'écriture authentique de Sony Labou Tansi. Tout ce qui est venu après ce sont des produits. La main de la machine. Or ce Sony Labou Tansi là, lui-même il réclame comme maître Garcia Marquez. Alors pourquoi je n'irais pas plutôt vers Garcia Marquez (sourire). Et puis j'aime bien la fluidité de Jean Marie Gustave Le Clézio. Je vous le re-commande : ce type, son génie c'est d'écrire simple-ment. C'est fluide, c'est musical, c'est respectueux de l'intelligence du lecteur, c'est humble. Unique !

Une belle écriture, et remplie de poésie aussi !

Voilà ! Et justement ce qui est simple est beau. Il écrit si simplement… Et le sommet de l'art pour moi c'est la simplicité. Pour faire simple, il faut un long chemin, c'est très compliqué de faire simple.

Et quid d'Aimé Césaire ?

Ah oui ! Ah oui ! Parler de moi sans évoquer Cé-saire… (Rire). Non, Césaire, c'est le maître absolu. Césaire a réussi le miracle de démontrer que l'écriture peut être une bouée de sauvetage, non seulement pour soi-même, mais pour vos convictions. C'est une tribune depuis laquelle l'auteur s'adresse au monde. Même si vous n'avez personne en face, vous avez le monde en face. Césaire vous insuffle cette certitude, cette conviction-là. Et dans son écriture vous sentez qu'il a passé son temps à s'adresser au monde. Dans ce monde heureusement, il y a Ousmane Alédji, de cinquante ans son cadet, qui a senti le besoin de la boire jusqu'à la lie. Je lis Césaire encore aujourd'hui, et je l'assume, je le décris non pas comme un écrivain, mais comme un patrimoine. Pour tout écrivain ou créateur africain, c'est un patrimoine absolu. Ça rejoint ce que je disais plus haut, donner envie à l'autre.

C'est certainement parce que vous le considérez comme un patrimoine qu'après plusieurs années, vous faites un come-back sur la scène avec la mise en scène de deux spectacles tous en hommage à ce ténor du concept de la Négritude, à savoir notamment *La tragédie du roi Césaire* et *Négrititudes*. Il vous habite définitivement, l'auteur du *discours sur le colonialisme*. Mais vous est-il arrivé de remettre en cause le fait de parler de Négritude en 2018-2019 ? La Négritude étant un courant littéraire et politique créé durant l'entre-deux-guerres, face à des défis de ce temps-là dont entre autres l'anticolonialisme, l'affirmation de soi.

On en parle toujours. C'est même plus urgent d'en parler aujourd'hui. On a présenté deux Césaire. Il y a Césaire le militant, le communiste, l'humaniste, le conférencier qui prend des positions, et il y a Césaire le dramaturge, le poète qui est beaucoup plus proche du créateur. Le littéraire pur. Dans un sens comme dans un autre, je crois que ce Césaire-là reste précieux pour l'éternité. Maintenant la question sur nos « Négrititude », il faut bien observer : Césaire parlait de Négritude comme une revendication d'un soi-même authentique. Nécessaire à l'époque ! En face du mépris manifeste et de l'arrogance des tenants du système colonial à l'époque. Il interpellait notre fierté d'hommes noirs. Et, dans la pièce, il est arrivé un moment où il a répondu à l'humanité en disant « mais arrêtez ! Tout ce qu'on fait pour la promotion d'un humain universel, d'une culture universelle, à tout cela, il répond oui ! Mais l'identité d'abord. L'identité d'abord, c'est-à-dire que si l'on n'a pas d'ancrage l'on ne saurait prospérer. Vous ne ressemblez à rien. C'est un spectacle que j'aimerais bien présenter dans nos universités et lieux de recherches en Afrique. Je crois que la jeunesse africaine a besoin d'entendre Césaire, de le comprendre. Moi j'ai découvert Césaire à 13 ans et aujourd'hui plus de trente ans après je continue de le découvrir et d'essayer de le comprendre. Il faut absolument l'offrir aux plus jeunes pour faciliter leur compréhension du monde.

Aujourd'hui, sur le continent, d'autres mouvements font échos tant bien que mal à l'anticolonialisme et l'affirmation de soi. Que pensez-vous du panafricanisme ?

Je dirais qu'il est devenu, avec le temps, les contingences actuelles et les impératifs de l'heure, une urgence. Une urgence sourde. Malheureusement. Parce que si nous attendons les politiques, on va encore attendre. Ce sont des gens qui attendent qu'on vienne les prendre par la main pour les obliger à s'asseoir et à faire les choses correctement. Il faut voir depuis qu'on a dit la CEDEAO[14] va garantir la libre circulation des personnes et des biens. Nos frontières sont toujours des frontières, si je ne présente pas ma carte d'identité, je ne passe pas et mes affaires sont bloquées avec un processus interminable de dédouanement.

Pour répondre à votre question, je pense qu'avec un peu plus d'audace que nous, nos enfants et nos petits-enfants viendront marcher sur ces murs-là pour les faire tomber. Après les politiques vont suivre. Ils seront obligés de suivre pour harmoniser. Mais si nous les attendons, on n'y arrivera pas.

Pour le moment, nous sommes beaucoup plus dans les déclarations et dans la théorie.

C'est ça. Ça fait des livres et des séminaires. Mais dans les faits, c'est totalement le contraire qui se passe. Nous sommes au courant. Mais… silence ! Le calme plat. Cela aussi c'est notre faute. Notre génération est coupable de passivité nocive.

Que pensez-vous de cette ambition de rompre avec le Franc CFA pour une monnaie commune à l'Afrique ? Vous y croyez ?

J'ai attaqué le CFA bien longtemps avant que notre frère Kèmi Séba – que je félicite d'ailleurs et encourage - n'en fasse son cheval de bataille. Les pu-

---

14 CEDEAO, la Communauté économique des États de l'Afrique de l'Ouest (en anglais : Economic Community of West African States, ECOWAS), est une organisation intergouvernementale créée le 28 mai 1975. C'est la principale structure destinée à coordonner les actions des pays de l'Afrique de l'Ouest.

blications sont sur le net, tout le monde peut voir ce que je publiais déjà de 2011 à 2013. C'est donc très naturellement que je m'associe à ce front. Tout le monde sait qu'autour de cette problématique-là, ils ont égorgé plusieurs de nos présidents. Ma question c'est pourquoi on attend ? Qu'est-ce qu'on attend ? Qui est-ce qu'on attend ? Dieu ?

Dans cette même Afrique, certains chefs d'État dont l'économie a une certaine portée sur le continent arguent que c'est la meilleure monnaie que l'Afrique ne pourra plus jamais utiliser.

C'est des captifs. Ces gens-là, s'ils ne sont pas des captifs, ce sont pour le moins des agents du système colonial. Le président Mathieu Kérékou utilisait une expression très jolie : « les *valets de l'impérialisme international* ». Et ils continuent justement malgré le temps qui passe d'essayer de nous endormir. Ils ne se rendent pas compte qu'ils n'ont plus aucune chance. Aujourd'hui, le savoir est démocratisé. Tous les jeunes du monde, d'Afrique donc, peuvent aller sur le Net se documenter. Tu vas sur Google ou sur Wikipédia, tu poses des questions et tu as des réponses ! Les gens, ils ne vont plus forcément dans les universités pour se former. La formation, elle est partout, donc vous ne pouvez plus mystifier personne ! Déjà nous on est à l'abri de la mystification malgré nos limites, nos enfants qui passent leur vie sur le net seront plus renseignés que nous. Alors c'est une question de temps. Et puis ces gens-là, ils savent très bien qu'on les regarde comme des gens qui font du spectacle, la chaîne au cou, et pas plus.

Comment procéder selon vous, pour atteindre cet objectif ? Descendre dans la rue compte-t-il dans cette quête comme le font certains activistes à l'instar du Franco-Béninois et président de l'ONG Urgences Panafricanistes Kèmi Seba ?

Il faut s'organiser. Quand Kèmi Séba a brûlé 500 francs Cfa ou 5000 f Cfa, vous avez vu le mouvement que cela a créé ? Ils peuvent en enfermer combien ? Dans combien de prisons dans le monde ? Pourquoi il n'a été que lui seul ou quelques-uns pour faire ça ? Parce qu'on a peur de brûler 500 francs ? Ce n'est pas l'argent qu'on brûle, ce n'est pas la valeur qu'on brûle. C'est le symbole qu'on ne veut plus. Ce symbole, on ne le veut plus. Et il faut lui dire à Kèmi de se concentrer, de se reconcentrer sur là où il est pertinent et suffisamment crédible. Il ne faut pas se laisser distraire par d'autres impératifs. On peut comprendre qu'il est jeune, qu'il a l'énergie et qu'il a envie d'aller à droite et à gauche, mais à sa place, je ne me concentrerais que sur ça. Parce que mine de rien, il est très visible, il a du succès et il a tout le monde avec lui. Je crois qu'il sait qu'il a tout le monde avec lui. Donc allons-y ! Moi je suis convaincu que bientôt le CFA va disparaître, j'en suis persuadé. Ils peuvent même menacer ou essayer de faire chanter Kèmi Séba mais la question va au-delà de la personne de notre jeune frère ; c'est une cause africaine, humaniste même.

Devant certains faits, vous arrive-t-il comme à Axelle Kabou[15] de vous demander si ce n'est pas plutôt l'Afrique elle-même qui refuse le développement ?

C'est l'Africain qui refuse le mieux-être. Ce n'est pas l'Afrique. C'est pour ça que je dis que malheureusement nos populations sont éminemment passives. On attend que le Bon Dieu vienne nous sauver. Le Bon Dieu, il doit veiller sur combien de milliards, neuf, dix milliards d'âmes. Et l'Africain, au lieu de prendre son destin en mains, il attend. Je ne dis pas d'aller agresser les dirigeants ou de se mettre à insulter tout le monde, mais quand il faut se battre, il faut se battre. Moi je prends 1000 f que je brûle. Je dis que cet argent-là nous clochardise depuis un siècle, ça suffit ! Laissez-nous faire notre monnaie et vivre notre vie ! C'est se battre ça aussi. Se développer c'est se battre. C'est l'Africain qui ne sait pas se battre pour son propre épanouissement.

Certains disent que nous avons fait des bonds considérables en soixante ans seulement d'indépendance.

J'invite ces gens en question à faire un tour à Cannes. Ils peuvent aussi regarder la télé. Pendant le festival, la ville est arrosée de lumières. Même l'océan est arrosé de lumières sur au moins deux kilomètres. Vous voyez de la lumière partout. Les centrales nucléaires qui fournissent ces lumières sont alimentées

---

15 Axelle Kabou, *Et si l'Afrique refusait le développement ?* L'Harmattan, Paris, 1991

par l'uranium du Niger qui est, lui, dans le noir. Le Niger est dans le noir. 80 % de ce pays n'a pas d'électricité, mais ceux qui viennent puiser l'uranium au Niger ont de la lumière au point d'arroser l'océan avec. Pendant ce temps, les Nigériens vendent leurs moutons, ils mangent la viande et ils dorment. Ce n'est pas normal. On ne peut pas continuer ainsi. Et ne nous mentons pas. Le Chef de l'État nigérien ne peut pas arrêter à lui tout seul ce viol. Un chef d'État ce n'est qu'une gorge à couper, on lui passe la larme au cou et c'est fini. Donc ce n'est pas à un chef de sauver sa population. C'est l'inverse. C'est à nous de protéger nos dirigeants. C'est à nous de défendre nos dirigeants. Quand nos dirigeants vont avoir leurs populations derrière eux, ils pourront dire à la baleine en face : « Ce que j'ai dans mon dos est plus féroce que vous. Vous voulez qu'on fasse quoi ? »

La question est éminemment politique.

Pas tant que ça ! Il faut faire de l'épanouissement de l'Africain une priorité. Un humain épanoui agit sur son environnement. Quelqu'un qui a un pouvoir d'achat suffisant, quelqu'un qui peut subvenir à ses cinq besoins fondamentaux et être plus ou moins à l'aise, il agit sur son environnement, il rend son environnement sain, il paye du personnel, etc. Pour dire que c'est l'humain qui transforme son environnement et son univers. Certains vont nous citer routes, infrastructures… Je n'ai rien contre. Mais l'humain, l'Africain doit s'épanouir, doit avoir un niveau de vie acceptable. Des 54 ou 55 États africains, il y en a au moins 45 qui sont des PPTE (Petits Pays Pauvres Très en Endettés). C'est quoi ces conneries-là ? On vous dit que cet individu au gros ventre est plus riche que cinq pays d'Afrique, à lui tout seul ! Et on est sur la même planète. Un autre peut financer le budget de son propre pays pendant dix ans, mais il préfère cacher son argent dans les banques à Hongkong ! Le problème c'est l'Africain.

Revenons un peu à vous, pour parler d'autres casquettes que vous portez. Aujourd'hui, vous êtes sollicité pour apporter votre savoir à une instance plus officielle. Que pouvez-vous dire de cette expérience ?

J'ai un peu de mal parce que celui qui a parlé jusqu'à présent c'est le créateur, souverain en toute chose. Quand je veux écrire, je fais ce que j'ai envie de faire. Celui-là vous parle en toute franchise. Mais le monsieur qui est dans des fonctions officielles ne peut pas être sincère avec vous.

Ah bon, pourquoi M. Alédji ?

Il n'a pas à être sincère. Il ne peut vous dire que ce qu'il doit dire, ce que le devoir lui recommande de dire. Le premier apprentissage que j'ai fait au palais de la République, c'est d'abord celui-là. C'est-à-dire, me rendre compte que désormais je ne peux plus dire que ce qu'il faut que je dise et non ce que j'ai envie de dire. Donc c'est un vrai apprentissage. Après, cela se comprend parce que de là où j'opère, je vois la gouvernance nationale dans son ensemble. Les dossiers d'État, la conduite des dossiers d'État, le management des responsables. Cela vous transforme. Il faut être à la hauteur de vos responsabilités et de la confiance placée en vous. Je ne peux pas vous en dire plus.

On va revenir sur la question, ne vous en faites pas.

Rire…

Vous avez créé l'association Artisttik Bénin en 2003 qui, plus tard, a engendré Artisttik Africa, qui a un centre culturel et un web groupe de presse. Quels étaient vos objectifs en vous lançant dans ce projet ?

Merci. En fait, Artisttik Bénin qui est devenu Artisttik Africa est justement le fruit de *Imonlè*. *Imonlè* nous a fait gagner beaucoup d'argent, pour dire la vérité. Quand je dis beaucoup d'argent, c'est des centaines de millions. Et c'était la première fois où je gagnais autant d'argent. Alors que pouvais-je faire avec sinon des petites fantaisies de jeunesse ! J'ai pensé qu'au lieu d'être totalement dépendant des services de coopération il nous fallait faire un lieu à nous-mêmes, où nous serons libres de travailler. L'objectif au départ, c'était ça. Un lieu pour la formation des plus jeunes, la création de spectacles, l'accueil de nos propres spectacles comme ceux des amis et collègues d'autres pays. Plus tard, on s'est posé la question : si nous créons, comment faire pour faire connaître ce que nous créons ? D'où l'arrivée du groupe de presse pour accompagner tout cela.

Aujourd'hui, quel bilan faites-vous de cette initiative ? Satisfaction ou regret ?

Pour vous dire la vérité, parfois je suis tellement déçu que je menace de tout vendre. Je suis aussi capable d'aller habiter un Yacht... enfin, vous comprenez (rire). La colère ce n'est vraiment pas une bonne chose. Bref !

Le bilan que je fais à la date d'aujourd'hui, je me contente de dire : on a ensemencé dans beaucoup d'esprits et dans beaucoup de mémoires. Certains jeunes ont profité de nos savoirs, modestement, d'autres jeunes continuent de prospecter des terrains sur lesquels nous les avons orientés. Si nous devons capitaliser tout ça, il y a de quoi être fier. C'est vrai que cela ne nous rend pas plus riches qu'avant, au contraire, mais c'est le prix à payer.

Maintenant, j'espère que bientôt au niveau structurel, j'allais dire, au niveau de l'État, des dispositions seront mises en place pour que, pas seulement Artisttik Africa, les centres culturels privés du Bénin qui ont une crédibilité défendable accèdent à un régime spécial d'appui de l'État.

J'allais justement vous demander si vous, promoteurs de centres culturels, êtes au moins chéris par l'autorité, dans un contexte où l'État n'a pas pris des dispositions pour mettre des infrastructures au profit du secteur artistique ?

Il y a de la considération, de l'attention, du respect. Oui, dans ce sens-là, on est chéris, on est privilégiés. Mais l'attention ne finance pas les créations et ne paye pas le cachet des artistes. C'est du concret dont on a besoin. Et ce concret-là, je sais que l'État y travaille.

Vous avez été Expert pour l'Afrique de l'Ouest de la commission internationale de théâtre francophone pendant huit ans. En quoi consistait votre travail ?

Je défendais ce qui était défendable. Je faisais financer les projets crédibles qui en avaient besoin. Et d'une certaine façon, je positionnais sur le marché francophone les projets qui en valaient la peine. On va dire, j'étais le monsieur arts vivants, dans ce creuset-là.

Quel regard jetez-vous sur le théâtre en Afrique aujourd'hui ?

Je suis un peu amer. Je suis un peu triste. Le théâtre, je le dis toujours, c'est malheureusement comme la plupart des créations humaines, c'est-à-dire sans argent on n'y arrive pas. La qualité, c'est un processus en trois étapes : la formation, la création, la diffusion. Le théâtre n'échappe pas à ces incontournables. En Afrique, malheureusement, non seulement des centres de formation n'existent presque pas, mais ceux qui existent ne sont pas soutenus donc elles perdent finalement de la consistance et de crédibilité à l'arrivée. Après, les productions sont de piètre qualité parce qu'insuffisamment ou pas du tout financées. Et puis en dernier lieu les marchés meurent.

Les marchés où ces produits doivent être présentés sont rares. Donc, d'une certaine façon, c'est normal que le théâtre commence à se raréfier ou que la qualité soit rare.

Les spectacles créés en Afrique semblent de moins en moins présents aux grands rendez-vous occidentaux et internationaux du théâtre. Faites-vous le même constat ? Quel est le diagnostic ?

Votre question m'amène à dire quelque chose. Puisqu'on est au Bénin et qu'au Bénin quand vous faites les choses il faut le dire vous-même sinon personne n'en parlera à votre place. Il y a quelques années, nous avons ouvert une porte immense sur l'Europe avec *Imonlè* notamment. À cette date, le théâtre Agbo N'koko reste la seule compagnie à avoir joué au Théâtre national de la Belgique. C'est la plus haute institution théâtrale belge. Je parle de l'infrastructure étatique de théâtre de la Belgique qui a programmé *Imonlè* pendant trois jours. Quand le théâtre africain vient dans une enceinte nationale en Europe, cela signifie que des gens autrement mieux pensants ont décidé d'ouvrir les portes et les fenêtres à la création artistique du Sud. Ce n'est pas anodin, ce n'est pas rien ! Mais après, rien n'a suivi. Parce qu'ils sont venus sur le terrain et ils n'ont pas trouvé grand-chose. Les créations sont ou médiocres, ou amateurs, ou inexistantes. Donc ils ont refermé leurs portes et leurs fenêtres. Il nous faut travailler sur nos politiques publiques pour le développement des arts vivants qui est, me semble-t-il, le cœur de la matrice culture. Donc de la vision, de l'ouverture, de l'audace, de la rigueur… Bref, pour conquérir le monde il faut commencer à lui parler donc à le penser.

Nous sommes d'accord, les festivals et rencontres fonctionnent tels des marchés où programmateurs et acheteurs viennent de tous les coins pour repérer des spectacles. Quelles comparaisons faites-vous du fonctionnement de cette passerelle entre les années 90 et aujourd'hui ?

Les exigences ne sont plus les mêmes. Les créateurs actuels sont attirés par l'argent et s'en vont plutôt vivre de l'autre côté. Or les années dont vous parlez, les créateurs il y en avait au Sud qui travaillaient sur le terrain et qui allaient présenter leurs spectacles dans les marchés en Europe. Aujourd'hui, tout le monde s'en va. Ils prennent clés et bagages et partent. Du coup, les gens ne descendent plus. L'Africain est à Paris. Tu as besoin d'un spectacle africain tu l'as à Paris. Ça s'arrête là. Un programmateur présente la programmation africaine de son évènement, tu es scandalisé par ce que tu y lis : tel machin congolais, mais le gars est à Paris depuis 7 ans ; tel machin togolais : le gars est à Paris depuis 10 ans ; tel machin ivoirien : il est à Paris depuis 30 ans. Donc ils préfèrent l'Africain à Paris. Ils trompent les gens.

Au Bénin, où vous êtes une des références du théâtre, comment se porte cette discipline artistique ?

Je vais parler en deux volets. Il y a comme une dynamique enclenchée par un groupe de jeunes assoiffés, très volontaristes, très engagés enclins aux sacrifices et qui font un travail de fouille, de documentation et de mise en danger respectable. Je salue tous ces jeunes-là, je ne veux pas en nommer pour ne pas faire des frustrés. Et cela plutôt nous flatte nous autres. Parce que nous – et je le dis sans me cacher - quand on a commencé le théâtre ici, il n'y avait personne, il faut dire la vérité. Moi j'ai appris à écrire comme je vous l'ai dit en lisant les livres de mon père et après, dans la bibliothèque du Centre Culturel français. Je n'avais pas la possibilité d'aller voir le spectacle d'un grand frère sur Cotonou. Ils n'étaient pas là. Certains de nos aînés sont venus piquer nos comédiens. Il ne faut pas qu'ils vous trompent. Je dis nos aînés, pas nos doyens. J'insiste sur la nuance. Ils ne sont pas mes doyens. Je les défie de le prouver. Faire du théâtre quand on était à l'université c'est une chose, le théâtre professionnel c'est une autre affaire. Mais on n'avait pas de références sur le terrain. On a tout créé par nous-mêmes ! Et là je salue les *Kpanligan*. Je salue *Les Muses du Bénin* qui cahin-caha, même si c'était un théâtre amateur, ils étaient là. Les autres sont nos aînés, certes, ils sont allés faire leurs expériences ailleurs. Mais sur le terrain nous on a vu personne. Ils sont venus apprendre de nous, ils nous ont fait mal, ils ont pris nos places et nos comédiens, tout le monde a été témoin de ça. Je remercie Camille Amouro et les défunts Darastones et Tindjilé Daniel. Eux ne créaient plus, mais c'étaient des soutiens précieux. Alors, j'appelle cette jeunesse dont vous parlez à se rendre compte qu'elle a de la chance de lire et de regarder du théâtre écrit et créé par des Béninois ; elle est la preuve que nous avons semé, que quelque chose de bien peut éclore. Évidemment, si on leur apporte les moyens qu'il faut, le cadre qu'il faut, le temps qu'il faut pour leur maturation. Je sens l'empressement chez certains. Cela est normal. Je sens de l'envie, je sens même de la frustration chez d'autres parce qu'il y a longtemps qu'ils sont sur le quai et attendent. C'est bon signe. Mais s'ils n'ont pas les moyens, s'ils n'ont pas le cadre pour créer et que les quelques rares fois qu'ils réussissent le miracle, ils n'ont pas le public devant, nous finirons par les perdre. Donc il y a ces deux constats. Il y a un vaste terreau et des semences en agitation, mais qui pour l'instant ne prospèrent pas parce que nous ne les entretenons pas comme il faut pour les voir fleurir. Mais j'ai foi ils finiront par y arriver. De toute façon, ils n'ont pas le choix. Le propre de l'homme debout c'est d'avancer. Un pas après l'autre. Ces jeunes sont debout, il viendra un moment où on les verra avancer.

L'État béninois vous a fait appel en 2014 alors que le Festival international de Théâtre du Bénin (FITHEB) traversait de durs moments pour que vous dirigiez l'institution. Dites-moi un mot sur cette expérience et profitez-en pour parler de ce que représente le FITHEB pour le théâtre en Afrique.

En 2014, d'abord en 2013, à la demande du ministre de la Culture Jean-Michel Abimbola, à qui je renouvelle ma gratitude, j'ai décidé de sacrifier quelques opportunités – je pouvais aller gagner de l'argent à l'étranger - pour prendre en charge la réforme du FITHEB – et je le remercie vraiment pour ça. Et il fallait pour la mise en route de ces réformes, une transition d'un an. Il a voulu me confier la partie transitoire. Ce que j'ai accepté de gérer et Dieu seul sait dans quelles conditions. Mais on y est arrivé, on a fait un bon travail. Je lis sur les réseaux sociaux que toutes les éditions du FITHEB ont laissé une ardoise. C'est totalement faux. Nous, avant même que le rapport de l'édition que j'ai conduite ne soit fait, il n'y avait plus une seule personne qui ne soit payée. Nous avons payé tous les prestataires et tous les agents mobilisés, tout le monde était payé et il restait même de l'argent dans les caisses du FITHB. Donc ceux qui racontent n'importe quoi, ils n'ont qu'à aller se renseigner.

Nous avons, mon équipe et moi, donné la preuve qu'on peut gérer le FITHEB sans laisser de gap. Si l'État est frileux, c'est parce que nous leur prêtons le bâton. On me reproche d'être parti trop tôt. Moi j'ai tenu mes engagements et ma promesse. À ceux qui voulaient m'amener à rester en poste j'ai dit : non, le ministre m'a fait appel pour un travail, j'ai fini le travail, je lui rends compte et je me tire de là. Ce que j'ai fait. Le ministre Paul Hounkpè m'a demandé de rester. Même à lui, j'ai dit non.

Pour revenir à ce que le FITHEB représente, je l'ai dit pendant la période où je le gérais : le FITHEB est un label pour le Bénin. Le FITHEB est l'aîné du MASA. De 1991 à cette date, ça fait bientôt 30 ans que ce festival a été créé. Il mérite un meilleur sort.

Pour parler du cadre plus général, c'est-à-dire, le secteur artistique et culturel béninois, que pensez-vous de la politique de gestion et d'encadrement que lui accorde l'État ?

L'État a plusieurs projets dans son Programme d'Actions du Gouvernement (PAG). Au titre des projets, il y a deux qui répondent à la question que vous posez. Le premier, c'est la détection des talents. Ce qui suppose l'identification des talents dans le milieu artistique secteur par secteur et procéder à leur formation pour les amener au perfectionnement. Et le deuxième projet c'est les classes culturelles. Ces deux projets vont connaître la phase active de leur exécution.

Donc, maintenant, oui il y a des perspectives, des ambitions que vous côtoyez. Mais, par le passé, il y a, semble-t-il, eu un délaissement !

Oui, il faut dire la vérité. Qu'y avait-il avant ? Il n'y avait rien ! Aujourd'hui, ce que la culture et le tourisme prennent dans le budget général du PAG correspond à peu près à 10%. C'est-à-dire, sur près de dix mille milliards, la culture et le tourisme consomment plus de mille milliards. Avant nous, le budget général de l'État consacrait rarement 1% à la culture.

Pourquoi depuis que la loi N°91-006 du 25 février 1991 portant Charte culturelle du Bénin

a été votée, ce secteur et ses acteurs ne s'en portent pas mieux !

C'est une fuite en avant, cette charte-là. Cette charte a meublé le décor comme un pagne ; après on a décidé de plier le pagne et de le ranger. Et, malheureusement, il faut le dire, nous n'osions pas ouvrir des débats sérieux, nous fuyions le risque. Personne. Ni nos aînés ni nous-mêmes. Nous préférons nous acharner les uns contre les autres. Malheureusement, on n'a fait que ça. Alors les gens ne nous ont pas pris au sérieux.

La charte, pour moi, c'est comme une langue morte. Aujourd'hui un État ambitieux et souverain doit rêver plus grand, doit voir plus loin. Il y a certes des idées qu'on peut puiser dans ce document de 91. Mais bon !…

On connaît votre côté insoumis et dénonciateur qui ne se manifeste pas que dans vos livres, mais aussi dans les colonnes des journaux et sur internet. Jusqu'à un passé récent, vous signiez des chroniques dans le quotidien béninois La Nouvelle Tribune. Et ces prises de position ce n'est pas pour plaire au pouvoir en place généralement. Mais depuis 2017, le chef d'État Patrice Talon vous a fait appel pour être son conseiller en tant que membre de l'unité présidentielle de suivi. Comment avez-vous pris cette proposition ?

Pour une marque de considération et de confiance. Après, c'est un défi. C'est comme si on me disait : « Tu parles, tu parles. Viens faire maintenant on va voir ». Donc je suis allé. Et j'ai le sentiment d'être écouté. Et ça s'arrête là pour l'instant. Pour le reste, j'apprends.

En quoi consiste concrètement votre intervention auprès du président de la République du Bénin ?

Sous l'autorité directe du PR, je fais le suivi de tous les projets du secteur des arts de la culture, du tourisme et de l'artisanat. Je débloque quand ça bloque. Et je lui rends compte quand je suis impuissant pour que là où je suis impuissant, lui puisse donner le coup de fouet nécessaire à l'aboutissement des projets. Je lui rends compte de toute façon. Comme ça il est informé de tout ce qui se passe et il peut trancher au bon moment et prendre des décisions dans l'intérêt du pays. Je ne le dis pas parce que j'y suis, mais je pense vraiment que mes collègues et moi nous constituons un outil précieux qu'il a mis en place. C'est une vision moderne et efficace.

Désormais ou jusqu'à nouvel ordre, plus de critiques, ça c'est évident. Est-ce que cela vous manque de pouvoir dénoncer ?

(Sourire) Attendez ! Tout prince nago sait être fidèle et loyal. Et votre fétiche s'il est vraiment le vôtre, vous ne lui mettez pas un pied dans la figure. Si c'est votre fétiche, c'est votre fétiche. Vous avez des frustrations, des insatisfactions, des attentes… ça reste votre fétiche. C'est ainsi que je suis en face du chef de l'État. C'est notre fétiche, nous l'avons érigé, nous l'avons consacré et sacralisé, il reste notre fétiche. Et je ne critiquais pas non plus les gens, je n'ai absolument pas ce temps-là. Mais il m'est arrivé souvent, trop souvent peut-être, de prendre position sur la base de mes convictions. Pour l'instant je me suis engagé à travailler avec un régime. Croyez-moi, à l'intérieur, je ne suis pas bâillonné. Je ne critique pas. Je contribue. Nuance !

Vous avez initié en 2016 une pétition pour la paix. Une initiative que vous avez présentée au 71ᵉ sommet des Nations-Unies à New York auquel vous avez pris part. Pourquoi une pétition pour la paix ?

Quand les gens peuvent se parler, ils peuvent éviter de s'envoyer des bombes dans la gueule, de se tirer dessus. Et quand les gens peuvent transcender leurs différences religieuses et culturelles, ils peuvent fédérer leurs énergies, mutualiser leurs énergies pour développer leur pays, pour le mieux-être de leurs peuples. Et, en agissant ensemble, indirectement ou directement, vous œuvrez pour la paix. C'est ce que je suis allé leur dire à New York. Réduire le très grand nombre des gens qui n'ont plus rien à perdre, c'est œuvrer pour la paix.

Il ne s'agissait donc pas que de la promotion du dialogue interculturel et interreligieux ?

Principalement oui. C'est l'objectif principal. C'est un concept cher à Feu professeur Albert Tévoèdjrè à qui je rends hommage, mes hommages au personnage et pour tout ce qu'il m'a appris. On avait ciblé comme destinataire le Conseil des Nations Unies. Il se trouve qu'à moins de 500 mille signatures le secrétaire général des Nations Unies lui-même est venu signer la pétition. Alors vous voulez aller plaider une cause devant quelqu'un qui vous dit : « non seulement vous m'avez convaincu, mais je la porte avec vous. » Du coup, ce n'est plus pertinent de continuer à collecter des signatures pour cette pétition.

Il y a une deuxième étape qu'on va dérouler. C'est l'étape de la mise en place d'un certain nombre de projets dans le sens de la facilitation du dialogue entre communautés culturelles et de religions différentes. Pour l'instant, la première phase du projet est bouclée. L'objectif est atteint et le bilan est très positif. Le patron de la commission de la CEDEAO a signé notre pétition C'était à l'époque, notre grand frère défunt (paix à son âme) Marcel de Souza. Donc la communauté régionale à laquelle appartient le Bénin porte ça, les Nations Unies portent ça. Il reste à mettre en place cette deuxième phase. J'y travaille, les projets sont déjà élaborés dans ce sens.

Vous avez évoqué plus haut votre fils dont le prénom dénote de combien vous témoignez de la gratitude à Dieu pour ce qu'il a pu apporter à votre carrière. Nous savons donc que vous êtes papa, et ceci nous amène à vous demander : quel genre de père êtes-vous ?

Vous savez, je ne peux pas raconter ma vie parce que les gens vont penser que je fais un film ou que j'écris un roman. Effectivement Oluwafèmi c'est un signe, une adresse à Dieu, mais aussi pour assumer publiquement la place que je lui accorde dans ma vie. Après, chacun fait ce qu'il veut de sa vie, je n'invite ni ne convertis personne, ce faisant.

Je suis un père plutôt contemporain, je crois. En fait, je pense que les enfants auront leur vie comme nous avons aujourd'hui la nôtre. Moi mon père m'a laissé faire des choix et les assumer après. Il a toléré quelques contradictions donc je suis comme une copie conforme de mon père. Mon épouse et moi, nous avons convenu d'investir sérieusement dans l'éducation de nos enfants, dans leur formation, mais après ils choisiront ce qu'ils voudront faire de leur vie. On reste derrière pour les accompagner, c'est tout. Je n'impose rien à personne.

Aucun enfant n'a le droit de me juger, de peser d'une quelconque façon ma manière d'être et de vivre, je leur hôte ce droit-là. Mon père n'est plus en vie aujourd'hui. De la même façon, je ne serai plus là un jour pour les juger eux. Alors au nom de quoi je vais tolérer leur jugement sur moi. Bref, c'est un rapport franc et on va même dire carrément de fraternité ou de copains. Je suis ainsi avec eux, tout en étant ferme quand il faut rester ferme. Je ne suis pas totalement gâteau, je ne suis pas totalement sévère comme ont pu l'être nos pères à nous (sourire).

Il y en a qui étaient des tortionnaires. Avec du recul aujourd'hui, pensez-vous que c'était quand même nécessaire la chicote ?

À l'époque, c'était un mode d'éducation. Même nos enseignants à l'école nous fouettaient comme si on était leurs esclaves. Aujourd'hui, vous levez la main sur l'enfant de quelqu'un, il vous jette en prison parce que ce n'est plus tolérable. C'était admis à l'époque et les enfants qu'on était on subissait ces maltraitances. Avec le recul aujourd'hui, tu te dis : on ne peut plus s'autoriser ça, on ne peut plus tolérer ça, c'est à la limite de la sauvagerie. Aujourd'hui si tu ne sais pas faire, tu serais en train de corriger ton propre enfant et le voisin va t'appeler la police. Tant mieux !

Avez-vous des modèles ? On va commencer par le Bénin.

En termes d'hommes ?

Oui.

Seigneur, viens à mon secours ! Vous savez, quand vous commencez à citer des gens, vous faites des frustrés et vous en vexez d'autres. Mais oui, il y a des personnes pour qui j'ai du respect. Au Bénin, il y a un monsieur pour qui j'ai un grand respect : c'est monsieur Honorat Aguessy. J'ai un respect incommensurable pour ce monsieur-là pour sa clairvoyance, son humilité et sa générosité. Il donne de sa personne, de son savoir aux gens comme si cela était inépuisable en lui. Voilà un personnage qui m'inspire.

Dans la diaspora béninoise

En Afrique, j'aime bien le goût du risque d'un jeune comme Kèmi Séba. Il me fascine ce type-là.

On peut en dire ce qu'on veut, je ne suis pas toujours d'accord avec ses prises de position. Il laisse lui échapper de temps en temps quelques phrases malheureuses, mais il m'inspire. Je suis admiratif de son courage, de son intelligence fertile. Kèmi Séba est un jeune leader, un bon. Ce monsieur est un coriace. J'espère qu'il va rester cohérent et solide jusqu'au bout. Advienne que pourra. Si je le vois, je vais l'applaudir. Après, je ne dis pas : c'est un mec parfait. Je l'admire pour le combat qui est le sien et la façon dont il a de le défendre, de porter et de défendre ses convictions.

En Afrique

Je pense à un monsieur comme Wole Soyinka. Ce n'est pas seulement la sagesse, c'est la cohérence dans la durée. C'est-à-dire, intellectuel, homme de culture et de lettres, il a été sollicité par son pays où il est intervenu comme ministre, notable et autres, mais il ne s'implique pas plus que ça dans ce qui peut être dérangeant. Il est une référence dans ce que je considère comme la constance dans la durée, la cohérence dans la durée.

Il y en a-t-il d'autres ? À part Césaire évidemment.

(Rire…) Césaire c'est Césaire. Il y a Martin Luther King. Pour deux raisons : j'ai mal quand je vois nos leaders politiques s'exprimer mal ou quand ils banalisent le pouvoir de la parole. Ça me choque. Littéralement. Je me dis : ce sont des Africains, donc ils ne peuvent pas me dire qu'ils ne connaissent pas le poids de la parole. Et ils peuvent encore moins dire qu'ils manquent de talents autour d'eux pour les aider à rédiger des discours puissants. Il ne s'agit pas de blablater. Je parle d'un discours puissant. Martin Luther King, le monde entier en parle depuis des années grâce à la puissance de son verbe. Et justement Kèmi Séba a quelque chose de ce monsieur-là.

Que pensez-vous du Général Mathieu Kérékou ?

Ah ! Moi si j'avais eu l'occasion de lui dire merde, je n'aurais certainement pas hésité. Je sais que beaucoup de gens en parlent en bien parce qu'il a eu l'intelligence et l'humilité de demander pardon au peuple après en avoir enfermé, torturé et tué – il faut le dire. Et il n'a pas eu besoin qu'on passe par la commission Vérité – Pardon – et Réconciliation. Il a spontanément demandé pardon. En cela, il mérite mon indulgence. Pas plus! Mais si je dois écrire par exemple sur Kérékou, je ne serai pas gentil du tout, ça je vous dis la vérité. Et si on doit être sincère et se référer à l'histoire récente de ce pays, je ne vois pas qui peut être gentil avec Kérékou sans être un saint.

Que pensez-vous de Thomas Sankara ?

Oui, Sakara. Vous savez, quand je parlais tout à l'heure de Kèmi Séba c'est pour ne pas choisir un mort. Sankara c'est notre histoire commune. Quand on est chef d'État, on n'a pas le droit d'être naïf. Tu peux être humain. C'est bien d'être humain. Mais tu n'as pas le droit d'être naïf. Sankara était un chef et il a oublié de l'incarner totalement.

C'est-à-dire ?

C'est très dur d'être chef. Je le disais tantôt, au service de l'État, tu n'as pas à être sincère. Un chef ne doit pas être sincère, son rang le lui interdit. Un chef qui est sincère est un naïf. Sankara était trop sincère pour rester chef longtemps.

Nos chefs doivent être des menteurs ? C'est étrange, venant de vous.

Etrange en effet ! Je me surprends moi-même parfois. Non, non, non, pas des menteurs, non. Un chef dit ce qu'il doit dire. Il fait ce qu'il doit faire. C'est tout. Fais ce que tu dois. Dis ce que tu dois. Le reste l'histoire s'en chargera.

Apparemment, vous apprenez bien et vite, M. Alédji.

(Éclats de rire) Sérieusement, quand je pense à Sankara je pense à un gâchis. Un immense gâchis. Même s'il aura ouvert les yeux à pas mal de gens, c'est un immense gâchis, c'est comme Lumumba. Deux gros gâchis !

Ils ont payé le prix de leurs convictions.

Justement !

Je ne vous comprends pas.

Nous les avons perdus trop tôt. Leur départ fut prématuré, a laissé un vide que nous peinons à combler malgré le temps qui passe. Ils ont sous-estimé la férocité de la bête en face. Nos convictions sont les nôtres et nous n'avons à les négocier avec personne. Mais nos convictions et nos responsabilités peuvent entrer en conflit. Quand cela arrive, un chef doit servir ses responsabilités parce que c'est d'elles qu'il répond devant son peuple. Autrement, il démissionne.

Vous avez rendu hommage au journaliste burkinabè assassiné Norbert Zongo, dans votre pièce de théâtre *Pourrissement*. **Que représente-t-il pour vous ?**

C'est le sens du sacrifice. Défendre une cause jusqu'à la mort.

Vous parliez de Sankara et de Lumumba ?

Eux ils étaient nos chefs. Leur sacrifice est un immense gâchis. Zongo, c'est un autre personnage important certes, mais sans commune mesure avec Sankara. C'est aussi un personnage que j'apprécie. Il a réussi à semer dans le souvenir des gens, dans la mémoire des gens. La meilleure façon de vivre, c'est d'épouser une cause. Après, on survit à cette cause ou on en meurt, mais au moins on a porté une cause. Tenez, vous croyez que si Mandela avait été tué l'Afrique du Sud serait le même ? Mandela, lui, il a eu la chance de ressortir de son martyr pour venir profiter un peu de la reconnaissance collective. Mais ce qu'on oublie de nous dire c'est que Mandela a rusé avec la bête pour pouvoir mener son peuple à la libération, pour défendre sa cause jusqu'au bout. Lui a vu sa cause triompher avant de mourir. C'est ça ce que je défends. Parfois la cause est plus grande que nous et nos convictions.

On va changer de sujet pour nous intéresser un peu à votre collection d'œuvres. Vous en avez un millier semble-t-il. Parlez-nous-en. Quels sont les artistes béninois que vous portez en estime ?

C'est vrai. J'ai une collection considérable. J'aime beaucoup les plasticiens. Dison plutôt que je leur envie leur liberté jusqu'à en être jaloux, leur liberté dans la création. Les plasticiens sont les seuls au monde, pour ce que je connais, avec peut-être les écrivains, encore que les écrivains pour exister ils ont besoin de se faire éditer, mais les plasticiens ils peuvent créer à partir de rien du tout, sans rien du tout et n'attendent personne pour créer. Or si tu crées, tu existes en soi. J'ai vu tellement de plasticiens partir de rien pour nous offrir des œuvres mémorables. Je parlerai de leur aîné Ludovic Fadaïro, après Romuald Hazoumè, Dominique Zinkpè, Tchif et les autres. Ce sont tous des amis.

À qui pensez-vous spontanément quand on évoque le théâtre béninois qui ne soit votre ami avec lequel vous passez du temps, en dehors des salles de spectacle et de répétitions ?

Un monsieur qui aime le théâtre. Il est devenu maintenant un vieux monsieur barbu, à la retraite, un peu fatigué, mais il continue d'y croire. Quand il a le temps, il vient aux spectacles. À une époque, il écrivait sur nos spectacles. C'est le professeur Guy Ossito Midiohouan. Il y a peu de professeurs au Bénin dont je pourrais parler avec autant de dévotion et de reconnaissance. Parce que ce monsieur, mine de rien, m'a aidé à m'améliorer. Parce qu'il avait la critique sévère. Quand on savait qu'il venait au spectacle, on avait intérêt à ne pas parler charabia sur la scène. On disait « si Midiohouan vient à ton spectacle, il va te tuer ! » J'ai été témoin, j'ai vu des gens courir dans tous les sens et j'ai dit : mais c'est qui ? On me dit : « mais c'est le professeur !», je dis : et qu'est-ce qu'il va vous faire ? (Rire). Ce monsieur nous a beaucoup apporté, car on craignait ses critiques et on travaillait à être meilleur. Et jusqu'aujourd'hui il continue. Quand il est dans le pays, tu as un spectacle et tu l'appelles, il dit : « c'est où ? » Et quand il est disponible, tu le vois. Ce sont des gens qui nous ont donné de leur personne. Ce n'est pas qu'à moi Ousmane Alédji, mais au théâtre béninois en général, je pense que ce monsieur a beaucoup apporté.

Pour le reste, comme je vous l'ai dit, on a des aînés qui méritent notre respect. Ils sont nombreux : Camille Amouro, Koffi Gahou, Makponsè Boniface. Je choisis Guy Ossito Midiohouan, car ce qu'il a fait, ce qu'il a apporté au théâtre béninois, je vous le jure, c'est beaucoup.

Je vais vous amenez à dire un mot sur deux artistes béninois : Sylvestre Amoussou et Dominique Zinkpè.

Sylvestre Amoussou c'est un ami, un frère, un monsieur dont je respecte l'engagement. Il fait du cinéma politique. On aime ou on n'aime pas, c'est son choix. J'aime ce qu'il fait. Il parle à des gens qu'il connaît et qui lui ressemblent et qui ont besoin d'être réveillés. Et j'insiste sur le mot « Réveillé ». Réveillés dans leur mode de vie, ce qui crée le vide autour d'eux, ce qui fait leurs conditions sociales économiques et financières. En ce sens, je crois que Sylvestre il est une star du cinéma d'Afrique. Il apporte de son art, de son expertise et je suis content de le compter parmi mes amis.

Dominique Zinkpè, lui, c'est l'un des plus doués de sa génération ; en plus, c'est mon décorateur et mon président. Dominique Zinkpè, moi je l'ai connu au tout début, il était couturier et faisait des choses intéressantes. Costumier, il travaillait avec nous aussi. Feu Kpobly Joseph m'avait parlé de lui comme décorateur doué et je l'ai sollicité pour deux ou trois de mes spectacles comme décorateur et on a sympathisé. Il est extra. Depuis, on reste ensemble. Il fait des choses, je suis là. Je fais des choses il est là. Je suis heureux de voir la carrière qui est la sienne aujourd'hui et ce qu'il crée. C'est l'un des artistes béninois les plus vendus aujourd'hui dans le monde. Il faut dire que notre génération n'a pas fait de paresseux. Ils sont un certain nombre, mais Zinkpè effectivement c'est un bon et un gros morceau. Un monsieur dont tout Béninois peut être fier parce qu'il vend bien le pays. Il défend bien son travail. Voilà !

Monsieur Alédji, merci !

Tout le plaisir est pour moi, mon cher Éric.

Parcours artistique listé

• *Omon-mi* : théâtre création juin - août 2005 coproduction avec le festival Afrique Noire (Berne Suisse) tournée européenne 2006-2008 et participation au MASA 2007

• *Derrière les masques* : Théâtre 2007

• *Contradictions* : Slam, créé en mars 2007

• *Pourrissement* : Théâtre créé à Düsseldorf, RFA 2008.

• *Est-ce ainsi que vivent les hommes* : Théâtre, créé en 2008 Cologne

• *La bêtise de nos pères* : Théâtre 2009

• *Le temps des mensonges* : Théâtre 2009.

• *Traumatismes* : Théâtre créé à Berlin (Maison des culture du monde, 2010)

• *Autour d'un verre* : Théâtre 2011

• *L'Inceste* : Roman 2012

• *Créez votre spectacle* : Essai pédagogique 2013

• *Un peuple calme est inquiétant* : Essai politique, 2015

• *Armer l'esprit* : Essai 2016

• *Les enfants n'oublient rien* : Théâtre 2017

• *Comment organiser un festival international (cas du plus grand festival de théâtre d'Afrique)* : Essai 2020

Prix et disctinctions

• 1er prix de la Francophonie 1995, *Amour et sang*

• 2e prix des rencontres théâtrales du Bénin 1998, *Et les nègres se taisaient*

• Grand prix du théâtre du Burkina Faso en 2001. Création Cie Marbayassa. *Ici la vie est belle ou L'âme ou j'ai mal*

• 1er Prix radio France Culture, 2000, *Cadavre, mon bel amant*

• 2e prix du FESTHEF 2001 à Lomé, au Togo.

• Adaptation et mise en scène de *Arrêt fixe* de Mohamed Benguettaf

• 1er prix des Rencontres théâtrales du Bénin 2001 ; Adaptation et mise en scène de *Arrêt fixe* de Mohamed Benguettaf

• Grand prix du théâtre africain FESTHEF 2002, *Imonlè*

• 1er prix de la meilleure mise en scène au FESTHEF 2002. *Imonlè*, Prix du meilleur comédien : FESTHEF 2002. *Imonlè*- Prix de la meilleure comédienne : FESTHEF 2002. *Imonlè*, Boursier Radio France Cultures 1997 (mise en voix et diffusion)

Œuvres Théâtre

- 1987 : *Quand le cœur saigne*

- 1993 : *L'Héritier*

- 1993 *Les Enfants*

- 1995 *Amour et sang*, 1er prix de la Francophonie

- 1996 *Paroles*

- 1997 *Mon fou de métier*

- 1998 *Sur la route*

- 1998 *Et les Nègres se taisaient*, théâtre

- 1999 *L'âme où j'ai mal ou Nos gris-gris de petits rois*, théâtre

- 2001 *Imonle*, théâtre

- 2003 *Cadavre, mon bel amant*, théâtre, Ed. Ndzé.

- 2004 *Linkpon*

- 2005 *Omon-mi*

- 2010 *Traumatisme*

Écriture et mise en scène

- 2005 *Omon-mi (Mon enfant)*, par la compagnie Agbo-N'Koko, présenté au Festival de Berne (Suisse) en novembre 2005, au Fitheb à Cotonou (Bénin) en février 2006.

- 2004 *Linkpon*, par la compagnie Agbo-N'Koko, Festival Théâtre des Réalités, Bamako.

• 2001 *Imonle*, créée en 2001 par la compagnie Agbo-N'Koko, présenté en 2003 au 20es Francophonies en Limousin.

• 1999 *L'âme où j'ai mal ou Nos gris-gris de petits rois*, créée en octobre/novembre 1999, par la compagnie Agbo-N'Koko.

• 1998 *Et les Nègres se taisaient*, 1998, créée pour commémorer les 150 ans de l'abolition de l'esclavage, MASA 1999, 2^c prix de * 1999 Meilleure création 1999. Tournée au Cameroun, en France, aux États-Unis.

• 1996 *Paroles*, 1996, représentations au MASA (Côte d'Ivoire), 1997.

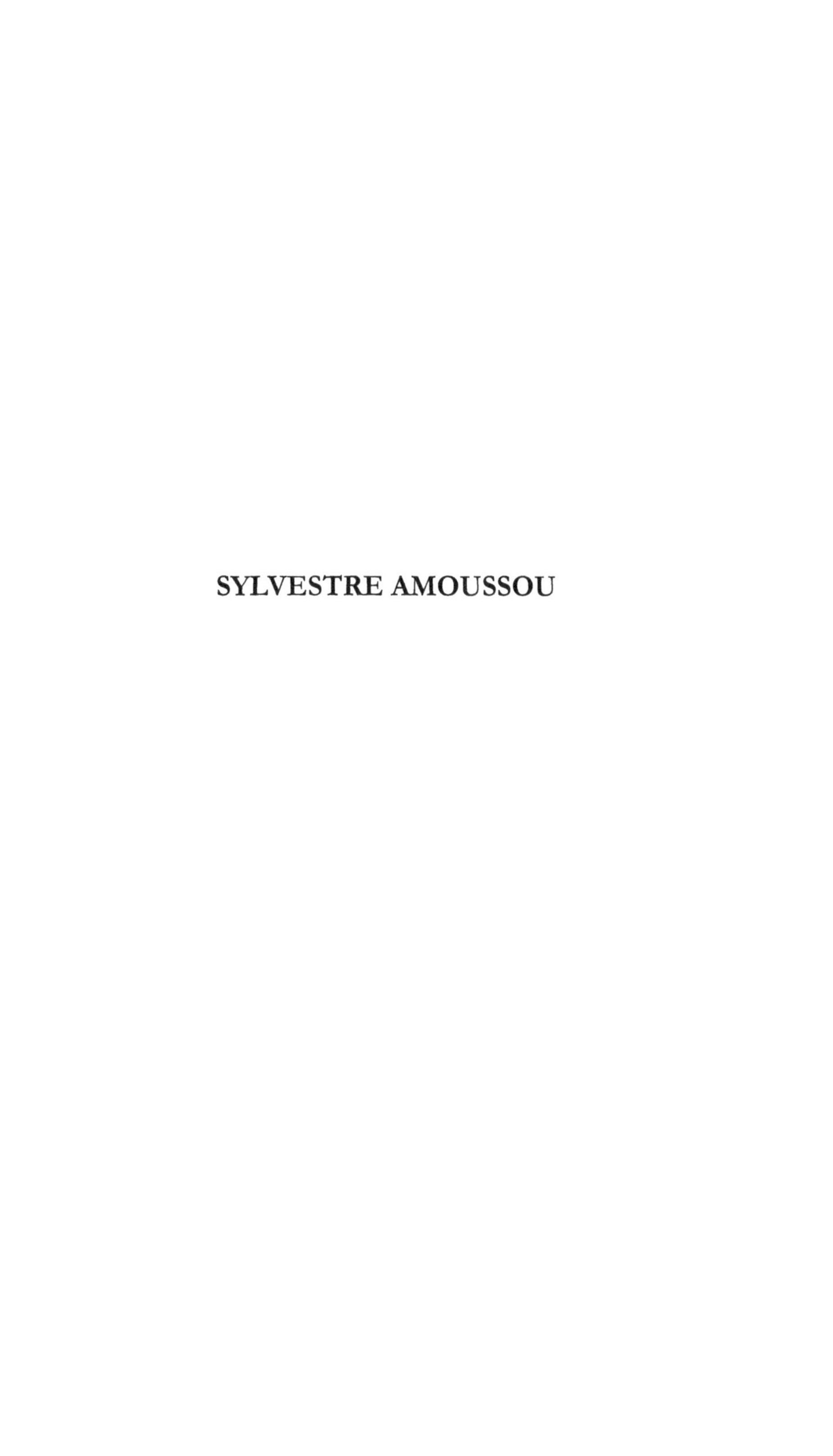

SYLVESTRE AMOUSSOU

Sylvestre Amoussou, bonjour !

Bonjour, cher Éric.

Le 31 décembre 1964, alors qu'on s'apprêtait à entrer dans une nouvelle année, avec l'ambiance de fête dans toutes les familles, vous, vous avez suggéré à vos parents de passer le réveillon à la maternité. On ne choisit pas sa date de naissance, mais Sylvestre Amoussou, vous devez fêter d'une façon particulière chaque fin d'année, parce que c'est aussi votre anniversaire.

Exactement ! Chaque fin d'année, je fête la Saint Sylvestre à la maison, entouré des miens, avec beaucoup d'amour. Je suis avec ma femme et mes enfants, parfois avec mes frères et sœurs, ma mère, qui participent à mon anniversaire chez moi.

Naître en 1964 au Bénin, c'est aussi avoir vu le jour quatre ans après l'accession du pays à la souveraineté nationale. Selon vous, est-ce une chance ?

Oui, les indépendances dans beaucoup de pays africains dont le Bénin sont arrivées en 1960 et moi je suis né après. Cela me donne bien l'impression de ne pas être un enfant de la colonisation, je suis né citoyen libre. Et je pense que cette liberté m'a permis de me battre, de revendiquer l'indépendance totale que nous n'avons pas encore eue. C'est d'ailleurs pour que cette liberté soit totale que je me bats depuis des années. On nous a donné l'indépendance ; or l'indépendance ne se donne pas, elle s'arrache. Pis, nous l'avons obtenue sous conditions. Raison de plus pour qu'on se batte afin que cette indépendance soit réelle. C'est un combat qui incombe à chacun de nous. C'est le mien, c'est le vôtre, et je crois que nous devons écrire une page plus belle de l'histoire afin que nos enfants puissent mieux vivre demain. Cela les rendra d'ailleurs fiers du rôle que nous jouons aujourd'hui.

Alors, pour un enfant, vivre l'après-indépendance dans une famille dont le père est militaire a-t-il quelque chose de particulier ?

Je suis né d'un père militaire et d'une mère commerçante. Je crois que j'ai eu beaucoup de chance. Mes géniteurs sont des parents aimants, ils nous ont toujours aimés, choyés. Ils étaient à la fois exigeants et justes avec nous. Je n'ai pas de mauvais souvenirs de mon enfance, j'ai eu une enfance heureuse. Nous sommes quatre frères et cinq sœurs. Les filles ont fait des études autant que les garçons. À la maison, les travaux étaient équitablement répartis quand bien même il y avait des domestiques. Les uns pour la vaisselle, les autres pour nettoyer la cour. Il y avait de l'ordre. Les parents nous ont appris dès le bas âge à prendre nos responsabilités.

On dit souvent des gens de l'armée qu'ils ont subi une posologie disciplinaire à tel degré que

les effets secondaires atteignent aussi leur entourage. Vous avez dit tantôt que vos parents sont très aimants. Mais je demande quand même si vous avez été plutôt bénéficiaire ou victime du sens de la rigueur de papa ?

Mon père est quelqu'un de droit, il a toujours été honnête et juste. Cela lui a même joué des tours dans l'armée. Ce sens de la justice, il nous l'a enseigné. Il est toujours direct, il dit la vérité que parfois tout le monde n'aime pas entendre. Il nous a souvent enseigné d'être un peu plus diplomates en des circonstances données et de ne pas faire exactement comme lui. Eh bien ! Quand vous êtes d'une famille où les parents sont droits et justes, vous ne pouvez que copier ce qu'ils faisaient. C'est de là que vient mon sens de rigueur et d'honnêteté.

Parlons maintenant de votre mère.

Ma mère est une femme extraordinaire. Elle est commerçante, elle vendait des pagnes et des articles divers qu'elle achetait chez des grossistes. Aujourd'hui, elle est à la retraite, mais elle nous a tout donné. Tout petit déjà, j'allais au marché quand ma maman payait ses marchandises et dans cet environnement, j'ai développé le sens du business. Je devais assurer son intérim au marché les mercredis après-midi. J'augmentais parfois les prix des marchandises et cela me permettait de gagner ma part de bénéfice. C'était le sens des affaires et cela me permettait de m'acheter des vêtements de mon goût, d'organiser des soirées de boom pour mes anniversaires avec les copains.

Vous avez visiblement vécu une enfance heureuse. De toute façon, je vous soupçonne d'avoir été un enfant docile, peut-être même un enfant timide. Me trompé-je ?

(Rire) Oui ! Je n'ai jamais été un enfant docile, ni timide. J'ai toujours été respectueux parce qu'il y a des règles à la maison. On ne pouvait pas tout faire et n'importe comment chez nous. Il y avait de l'exigence. Mais j'ai toujours été un peu taquin et « leader ». Tous mes copains d'enfance qui vous parleront de moi, diront que j'ai été studieux. Il y a eu des moments où j'ai été brillant, et, d'autres, moins brillant. Je n'ai pas toujours été le premier de ma classe non plus, tout comme je n'en ai pas été le dernier. J'ai toujours travaillé de façon consciente parce que même à la maison, on avait des précepteurs. Les parents étaient très regardants pour ce qui est des études.

Après, je suis parti du Bénin et mon destin a basculé. J'ai fait Abidjan, ensuite, la France. J'ai commencé l'université en faisant l'administration économique et sociale. Puis je me suis inscrit dans un cours de théâtre pour m'amuser.

Petit à petit, le virus m'a pris et j'ai passé par hasard un casting. Il faut le rappeler, en famille au Bénin et en Afrique en général, quand vous dites que vous voulez faire du théâtre, les gens rigolent et disent ce n'est pas un métier. Ils se disent : « on le fait pour s'amuser et non pour gagner sa vie ». Mais, moi, quand j'ai commencé à faire du théâtre en France, j'ai réellement gagné ma vie et c'est ainsi que les choses ont commencé.

Justement ! Nous avons parlé de votre enfance, mais à aucun moment je n'ai perçu d'où est parti l'intérêt pour le théâtre et le cinéma.

L'un de mes premiers films vus, c'était *Ajaniogoun*[16] au « Cinéma Le Bénin » et c'était drôle. Après, on voyait un autre film qui s'appelait *Le magicien de l'enfer*. Mais franchement, au début, le cinéma était très loin de mes préoccupations. Disons que c'est le fait d'aller en France et de vivre seul qui a véritablement déclenché cet intérêt. Quand je suis allé en France, c'était d'abord pour les études et j'étais dans ma chambre tout le temps. À l'époque, il n'y avait pas les téléphones portables pour contacter les parents comme on le fait si facilement aujourd'hui. Pour passer un appel, il fallait solliciter le téléphone fixe du voisin sur rendez-vous. On pouvait aussi aller dans les cabines et on avait des cartes prépayées. Vous téléphonez aux parents et en peu de temps, cinq minutes au plus, paf, les unités finissaient ! Alors, pour m'adapter à cette solitude, j'ai été obligé de m'inscrire dans un cours de théâtre afin de me faire des amis, m'amuser, et comprendre la société dans laquelle je vivais désormais. En effet, la société française est faite de telle manière que chacun reste dans son coin ; c'est difficilement qu'on se dit même « bonjour ».

Vous affrontez donc le choc culturel à votre arrivée en France, déjà avec la solitude. Il a dû y avoir un désenchantement.

---

16 *Ajani Ogun*, sorti en 1976, est un long-métrage du réalisateur nigérian Ola Balogun.

Oui. En 1980, quand j'arrivais en France, il n'y avait pas cette question de visa. Arrivé en France, je m'étais inscrit en Faculté. J'avais débarqué et on m'avait dit : « Monsieur Amoussou, soyez le bienvenu, où est votre pièce ? ». Et je présentais mon passeport. Mais c'était un dépaysement et un choc culturel. Avoir vécu dans une famille africaine et se retrouver seul à l'extérieur, c'était très difficile. Mon oncle était déjà en France avant mon arrivée, c'est donc lui qui m'avait aidé à prendre un studio. Je n'avais personne à qui parler, j'y vivais seul et au début c'était difficile pour moi d'intégrer le monde nouveau dans lequel je me suis retrouvé. C'est un milieu où il fait extrêmement froid. Déjà en Afrique, au cours de la période d'harmattan, nous nous plaignons, la température n'est pas la même que celle que nous vivons en Afrique. Il faut être en soulier, vous avez mal aux orteils ; ce n'est pas la belle vie. Malgré cela, il fallait aller à la préfecture et faire la queue pour les formalités de sa carte de séjour.

Avant de devenir comédien, je faisais des jobs. Pendant les vacances et aussi à mes heures libres ou de repos, je travaillais à l'hôtel. Je lavais la vaisselle - on appelle ça « faire la plonge ». En dehors de cela, je faisais de temps en temps ce qu'on appelle « les extras » pour pouvoir gagner ma vie. L'argent en franc Cfa que les parents m'envoyaient par rapport au franc français ne pouvait pas couvrir tous mes besoins. J'ai donc très tôt pris mon destin en mains. Il fallait me battre pour avancer.

Et il y a eu le théâtre, puis le cinéma !

Un jour, en 1986, il y a eu un casting avec Darry Cowl. J'ai passé le casting pour une pièce de théâtre et j'ai été engagé. C'est ainsi que j'ai commencé à monter et à jouer sur scène, avec de petits rôles. Avec Darry Cowl, au théâtre, je m'appelais Banania[17], puis, c'était bien rigolo, ma conscience n'avait pas vite saisi. Après, j'ai commencé à réfléchir en me disant : comment peut-on appeler un homme Banania ? Ensuite, j'ai joué une autre pièce avec Darry Cowl et Michel Galabru, une pièce dans laquelle, le personnage que j'ai incarné s'appelait « Bamunllo ». Je gagnais très bien ma vie. J'ai commencé le cinéma et les rôles que je jouais étaient pour la plupart des rôles pour Africains, pour caricaturer l'Africain. Entre autres rôles, je peux citer ceux de trafiquant de drogue, de marabout, de polygame, de domestique, etc. Après tout cela, j'ai mené des réflexions et je me suis dit que je ne peux plus continuer de cette manière.

Mais l'intérêt pour le jeu d'acteur, les parents étaient-ils au courant ?

Au début, quand je jouais dans des pièces de théâtre, je disais aux parents que je continuais toujours les études. Mais après, j'ai abandonné les études

---

17 Banania, marque française créée en 1914 qui cherche à transformer en produit patriotique son cacao additionné de farine de banane. Délaissant l'Antillaise de ses premières affiches, elle s'identifie dès 1915 à un tirailleur sénégalais hilare et adopte comme slogan la locution « Y'a bon », associée à la pratique sommaire de la langue française de ces derniers depuis 1913. (Source www.histoire-image.org)

parce que je ne pouvais pas tout faire à la fois. C'était difficile. Au début, les parents ne se sont pas vite rendu compte, mais, peu à peu, mon père a su que je gagnais bien ma vie. Pour eux, je le faisais pour mon loisir et ils pensaient que je reviendrais à de meilleurs sentiments. Mais quand on m'a engagé véritablement j'ai commencé par voyager. Je suis allé en Côte d'Ivoire pour jouer dans un film appelé *Le retour* où le réalisateur était un Polonais. Là encore, j'ai joué le rôle du personnage principal qui était un "Boy" dans une famille blanche. Le film racontait une histoire africaine. Ce film passait sur toutes les chaînes de télévision, et quand les parents ont vu, ils se sont dit que je vivais de mon métier.

Mais à votre niveau personnel, par rapport aux rôles qui vous étaient attribués, y a-t-il eu un déclic ?

Oui ! Je regardais les films et je comprenais que mes rôles étaient, pour la plupart, conçus pour caricaturer l'homme africain. J'ai décidé de commencer par faire des sketchs. Faire des sketchs pour dénoncer l'arbitraire et tout ce qui n'allait pas dans la société, en attirant l'attention sur le regard que portait l'Africain sur l'homme blanc et vice-versa.

J'ai commencé à travailler sur l'écriture en construisant des personnages pour jouer des rôles honorant le Noir ; j'avoue qu'au début ce n'était pas bien reçu par le système français qui veut toujours voir le Noir dans la servitude. Mais je m'en fichais et j'étais enthousiaste. Il y a des gens qui m'encourageaient et ensuite je prenais par la comédie pour dénoncer, pour passer plus facilement le message que j'avais. J'ai poursuivi en prenant mon destin en mains pour raconter des histoires que j'ai vécues en France. Je suis passé derrière la caméra, entamant d'abord des courts-métrages.

Mon premier essai s'appelait *Les scorpionnes*. C'est l'histoire d'un Africain qui épouse une blanche. Sa mère,non consentante, lui dit : « ce n'est pas notre culture, il faut que tu te maries avec une Noire ». Elle n'en voulait pas parce que selon elle la femme blanche aimait l'argent et ne faisait que mettre la pression à l'homme. Avec les conseils de sa mère, le Noir prend finalement une femme noire ; mais quand cette dernière est venue, elle était pire que la femme blanche. L'homme se rend finalement compte qu'en réalité, ce n'était pas une question de race, ni de couleur, mais plutôtune affaire d'individu. Il en a conclu que les deux femmes étaient toutes les deux du signe Scorpion.

Vous pouvez tomber sur des femmes blanches qui sont aimantes et formidables. Il arrive même que des femmes noires soient parfois plus cruelles que les femmes blanches. Ce n'est pas une question de couleur, mais beaucoup plus d'éducation.

Comment s'est opéré le choix d'aller en France ?

Avant d'aller en France, je suis allé en Côte d'Ivoire pour travailler à la SIR (Société Ivoirienne de Raffinage) comme agent comptable. Dans la société, j'ai remarqué qu'il y avait un collègue blanc qui avait le même diplôme, le même niveau d'études que moi, mais qui gagnait pratiquement trois, cinq fois ce que je gagnais comme salaire. Je me suis dit que c'est peut-être parce qu'il a un diplôme français. J'ai donc décidé d'aller à l'obtention du diplôme français pour mieux gagner ma vie. Mais quand je suis parti, j'ai finalement dévié du chemin des études. Sinon, au début, j'étais parti pour faire l'administration économique et sociale pour devenir banquier d'affaires ou travailler dans le domaine de l'économie, etc. Mais finalement, je suis devenu réalisateur, ce qui n'était pas évident à double titre. Car au-delà du fait que je suis venu pour une autre formation, j'avais très peu de chances de devenir réalisateur parce que le cinéma est un métier très compliqué ; c'est un métier d'aristocrates. L'école de cinéma coûte excessivement cher, le cinéma est réservé aux élites, aux enfants de riches. C'est un milieu qui est très fermé. Vous pouvez jouer le petit nègre dans les films, mais vous ne pouvez pas faire du cinéma en tant que réalisateur. C'était compliqué, mais je suis quelqu'un qui se donne toutes les possibilités, tous les moyens pour y arriver quand je décide de faire quelque chose.

Parmi les films dans lesquels vous avez joué, il y en a sans doute qui vous ont marqué positivement ? Négativement ?

Le film qui m'a le plus marqué, c'est *Le retour*, que nous avons tourné en Côte d'Ivoire. C'est le récit d'un drame. On y voit de la magie africaine et le "boy" est un prévoyant de tout malheur qui pouvait arriver à sa patronne. C'est un film qui m'a beaucoup marqué parce que j'avais incarné un personnage dramatique qui jouait le rôle principal, je ne peux pas l'oublier. Ensuite, j'ai joué des rôles de gauche à droite. Il y a des rôles qui m'ont plu, d'autres moins.

Et ces films dans lesquels vous avez joué, y en a-t-il dont vous vous sentez proche des réalisateurs dans les idées ? Quand je prends par exemple *Paris selon Moussa* du Guinéen Doukouré Cheik[18], comment vous trouvez ce film par rapport aux autres ?

Cheik Doukouré, c'est quelqu'un que je connaissais depuis des années. Il est comédien-réalisateur comme moi. Il a fait le film *Le ballon d'or* que j'ai trouvé extraordinaire. Il m'avait proposé de jouer dans *Paris selon Moussa*. Cela m'a fait plaisir et j'ai accepté d'être acteur de ce film. Après, moi, je l'ai engagé dans *Africa Paradis* où il jouait le rôle du chef de la police au service de l'immigration. Je pense que j'ai joué avec des réalisateurs blancs comme Pascal Thomas que j'ai aimé dans *Le grand appartement*. J'ai tellement joué avec beaucoup de réalisateurs que pour moi c'était devenu quelque chose d'alimentaire. Parce que ce n'était pas forcément des rôles que je voulais jouer personnellement. Mais quand je passais au casting et que j'étais retenu, je savais que j'allais trouver un peu d'argent pour payer mon loyer et satisfaire mes besoins.

---

18 Cheik Doukouré, né en 1943, de nationalité guinéenne, est un scénariste, acteur, réalisateur et producteur de cinéma.

Après, j'ai monté moi-même une pièce de théâtre intitulée *Trois prétendants et un mari*. Par la suite, j'ai écrit d'autres pièces que j'ai jouées en Suisse. J'ai beaucoup travaillé en Suisse. D'abord, j'ai joué un duo qui s'appelait *Black and Black*, puis **Black and White**, aussi *Trois prétendants et un mari* de Guillaume Oyono. Il y a eu également *L'Étudiant de Soweto* sur l'apartheid. En fait, j'ai beaucoup joué, mais finalement j'ai décidé de faire mes propres films.

Parlant de vos propres films, on pense d'abord à *Africa paradis*, votre premier essai de long métrage qui s'est révélé tel un coup de maître. Vous avez frappé suffisamment fort. Dites-nous, comment est venue l'idée de *Africa paradis* ?

En vivant en France, j'estime que nous contribuons au développement de ce pays auquel nous apportons énormément. Mais chaque fois quand vous regardez la télévision, on parle tout le temps des immigrés comme si nous étions des pestiférés dans cette société alors que nous payons des impôts. Les immigrés sont même devenus des enjeux politiques pour la plupart des partis. Je m'en suis indigné et me suis dit : pourquoi nous traite-t-on ainsi ? Maintenant, j'ai envie de mettre les Blancs dans la même situation que nous, en leur demandant de se regarder dans le miroir. « Vous-mêmes, voyez comment vous parlez des Noirs. Imaginez que vous vous retrouviez dans cette situation ! Comment réagiriez-vous ? Imaginez que dans votre pays, vous n'avez pas connu le développement et les choses ne se sont pas bien structurées ; vous n'avez pas d'emploi et vous voulez travailler ; vous vous trouvez dans l'obligation de voyager. Vous laissez toute une famille et arrivée dans votre pays d'accueil, l'on vous parle comme vous avez l'habitude de parler aux immigrés. On vous parle avec mépris, sans respect ». Je me suis dit que je vais mettre les Blancs dans la même situation et ils verront comment ils se sentiront.

Pour moi, les images valent mille mots. J'ai travaillé sur le film pendant longtemps. Au début, cela a été très difficile. J'ai travaillé sur le scénario avec un ami français qui s'appelle Pierre Sauvil avec qui j'ai collaboré sur mes trois premiers longs-métrages. Tenant compte des difficultés, à un moment donné, j'ai décidé de faire un court-métrage d'*Africa paradis*. Ceci a été fait dans un format d'onze minutes. Ensuite, le film a été sélectionné au Festival de Milan, puis au Fespaco. Les gens ont commencé à parler de l'idée en disant que c'est original, mais trop gonflé. Je leur répondais que j'avais déjà travaillé sur le scénario long métrage et que je n'attendais que les moyens.

J'ai rencontré une productrice sénégalaise. Nous avons commencé à travailler ; elle a cherché les fonds un peu partout. Des gens ont financé le film. Pour la productrice, c'était son premier tournage ; c'était donc tellement lourd pour elle, et arrivée à un moment, elle a décidé de tout arrêter.Les laboratoires et institutions ont bloqué les bobines ainsi que le reste de l'argent que je devais prendre. Il y a eu aussi liquidation judiciaire de la société dans laquelle elle travaillait. Je me suis retrouvé sur le tournage sans argent, au bout d'un moment. J'étais totalement sans moyens au Sénégal. Du coup, j'ai activé mes réseaux en empruntant, en demandant de l'argent à des amis.

J'ai racheté le droit de mon film chez le liquidateur judiciaire. Une fois que je l'ai récupéré, j'ai encore emprunté de l'argent pour le finir. Quand le film est sorti et les gens l'ont vu, ça a été un choc. Car aucun réalisateur africain dans l'histoire de l'Afrique n'avait osé réaliser un tel film. En même temps, j'avais mis de l'humour et le message passait très bien. Mais c'était un vrai choc pour tout le monde.

Un réel choc si bien qu'à la sortie de ce film en février 2007, une partie de la critique française l'a classé comme étant de la « science-fiction ». Alors que pour vous, ce n'est pas le cas.

C'était une réalité que je vivais au quotidien. Déjà à l'époque, les Européens venaient en Afrique, mais en se présentant comme étant des coopérants alors qu'ils étaient des immigrés comme moi. Je dis non. Pourquoi, préfèrent-ils s'appeler « expatriés » pour faire plus joli et nous appeler nous autres « immigrés ». Je dis non ! Nous sommes tous des immigrés. Mon film *Africa paradis* a choqué plus d'un ; et je puis vous dire que même des Africains ont été choqués. Il y a eu des articles qui m'ont traité d'utopiste. Dans la presse française, on disait même qu'il fallait me psychanalyser, car pour eux, il est impensable qu'un Africain puisse penser une quelconque égalité entre l'Africain et l'Européen. Mais aujourd'hui, tous ceux qui m'ont traité d'utopiste me félicitent, ils laissent entendre que Sylvestre Amoussou est un visionnaire.

On a parlé tantôt du traitement accordé aux Africains. Mais vous, dans *Africa paradis*, vous avez accordé un traitement humain et respectueux à l'égard de ceux-là. Quelle est l'intention ?

Avec *Africa paradis*, j'ai voulu dire qu'on peut émigrer chez quelqu'un et qu'en le faisant, l'on n'a pas encore commis de crime. On n'est pas encore assassin. Alors on peut discuter avec les gens et les traiter humainement plutôt que de leur montrer du mépris et de la brutalité. Parce que dans ces années, c'était l'époque où il y avait une arrogance, un mépris pour nous. L'on se croirait encore dans la période de la colonisation ou dans l'esclavage moderne. Mais moi, j'ai voulu montrer aux Européens la part d'humanité et d'humanisme qui existe en Afrique. Je demandais aux Occidentaux, par ce film, de traiter humainement les autres, et leur expliquais que le faire ne diminue rien en eux.

Vous ne dénoncez pas que cela dans les films. Vous vous en prenez souvent aussi aux dirigeants africains. Vous dénoncez les comportements de ceux-ci comme c'est le cas de la corruption dans Un pas en avant, les dessous de la corruption. C'est à croire que le réalisateur Sylvestre Amoussou a fait délibérément une option avec son cinéma !

Vous savez, j'observe mon continent et ça fait très longtemps que je me pose des questions. Parce qu'en vivant en France, j'ai constaté qu'il y a de petits blancs qui sont vraiment des petits très minables qui n'ont même pas le niveau intellectuel que nous avons et qui ne devraient en aucun cas nous traiter de cette manière. Mais ce sont ces gens-là que nos dirigeants préfèrent considérer en lieu et place de leurs propres frères qui sont bien plus diplômés. J'ai vu, à partir de ce moment, le complexe de nos dirigeants et leur cupidité. Ils prennent l'argent, mais ne pensent pas à leur peuple. La plupart de nos dirigeants sont placés à la tête de nos États – surtout d'Afrique francophone – par les Occidentaux, principalement par la France. Et quand ils sont placés par les Français, ils sont formés à travailler pour la France plutôt que pour leurs populations. Et bien évidemment, quand ils ne travaillent pas pour la France, ils sont enlevés. C'est pourquoi vous voyez dans nos pays des Français qui sont des assistants techniques et qui sont en même temps des espions. Dans les Instituts français, vous voyez des enseignants, mais qui sont en réalité des espions. Ils sont un peu partout, se promènent, ils photographient tout. Ils vont même discrètement dans les cercles et observent tout.

Vous remarquerez même que les Français aiment toujours former des journalistes ; ils ne forment pas des ingénieurs agronomes, des agriculteurs, des médecins, des chercheurs, etc. Ils trouvent plus facilement des bourses aux journalistes, aux politiques pour les former en vue de les formater plus tard. Même nos militaires et nos généraux, quand ils vont en stage en France, ils passent par le service de renseignements et on leur dit : « Même si vous retournez au pays, vous devez toujours défendre les intérêts de la France ». Cela est-il normal ?

C'est tout ça qui m'amène à être lucide. Il faut chercher les informations pour comprendre un peu comment fonctionne le monde. Rien n'est caché actuellement. À l'aide d'internet ou avec les livres et un peu de peines pour fouiller, vous allez comprendre. Il ne faut pas s'abreuver uniquement des informations que donne la presse. Il faut chercher les informations alternatives ; se battre pour comprendre le monde. C'est ainsi que je travaille ; j'essaie d'être curieux et je cherche à comprendre.

Je constate que nos dirigeants sont complexés, parce qu'ils trouvent que les Blancs sont supérieurs aux Noirs. Les hommes brillants et intelligents sont un peu partout. Il n'y a pas de races supérieures. Ça fait déjà 38 ans que je vis en France, je connais bien les Européens. Il faut que nos dirigeants cessent d'être complexés. Et moi, mon combat c'est pour l'émancipation et l'autodétermination de mon continent. Nous avons connu l'esclavage, la colonisation, le néo-colonialisme, et jusqu'en 2018, des chefs d'État continuent de quémander. Je crois qu'il faut arrêter tout ça.

Voulez-vous dire que les nôtres sont toujours complexés vis-à-vis des Européens ?

Hélas, oui ! Ce n'est pas parce qu'ils sont blancs qu'ils sont mieux que moi. Ils ne sont ni supérieurs, ni inférieurs à moi. Je ne comprends pas pourquoi nos dirigeants se mettent ventre plat devant ces gens-là qui n'ont même pas leur niveau. Ils se lèvent, ils vont chercher leurs démarches à l'Élysée pour pouvoir gouverner leur peuple. Dès qu'ils sont malades, ils vont en France, alors que l'argent qu'ils prennent pour leur évacuation sanitaire, ils pouvaient l'utiliser pour investir dans des infrastructures sanitaires chez eux. Malheureusement pour nous, ils sont plus animés par leur esprit d'égoïsme que par autre chose.

Quand un président africain décide de s'engager pour son peuple, les dirigeants français sont prêts à se lever contre lui. On cherche quelqu'un de docile et du même pays pour jouer le rôle d'opposant. Et les médias y participent. Ils vivent avec l'idée de 1789 selon laquelle la France est un pays des Droits de l'Homme. C'est faux ! La France n'est pas un pays des Droits de l'Homme, même s'ils sont mieux que nous sur le plan de la liberté d'expression. Et bizarrement, les dirigeants africains vont voir ceux de la France pour recevoir des ordres afin de diriger leurs pays. Des fois, ils ne sont même pas appelés en France par leur homologue, mais ils y vont pour se mettre en esclavage volontaire.

Moi, j'ai eu la chance de partir, mais tout le monde n'a pas eu le courage de le décider. J'ai vu au Bénin des enfants mourir en raison du manque de moyens. Un jour, une maman a vu son bébé mourir par défaut de frais de soins. J'étais tellement attristé ce jour-là. Nos dirigeants n'ont pas de cœur. Il y a la corruption qui gangrène nos pays, mais pas que l'Afrique. La corruption, c'est depuis l'Europe parce que quand vous voyez ces ONG (Organisations Non Gouvernementales) qui viennent infiltrer l'Afrique, elles sont corrompues. Quand elles vont en France pour demander des financements, les gens généreux, de bonnes volontés leur donnent de l'argent parce qu'elles présentent une image pauvre de l'Afrique. Quand ils cotisent pour eux, le détournement commence.

Comme je le dis souvent, je ne fais pas le procès des citoyens français ; je dénonce les dirigeants français. Ce sont ces mêmes dirigeants français qui nous manipulent en Afrique avec les potentats africains. Ils font le détournement déjà dans les frais de fonctionnement. Ils prennent les hôtels, les belles villas et roulent de grosses 4x4. Et finalement, l'argent qui est destiné aux pauvres pour faire des puits par-ici, des hôpitaux par-là, sert à autre chose. Vous constatez également que les occidentaux viennent dans les pays où il y a souvent des richesses, ils se promènent pour conduire leurs ONG.

Moi, je me bats contre toutes ces injustices, comme c'est le cas dans *Un pas en avant, les dessous de la corruption*. J'ai dénoncé la corruption en occident et la corruption en Afrique. Un épicier honnête, c'est un citoyen normal. Pour moi, pour que le citoyen lambda soit honnête, il faut que les dirigeants au sommet de l'État soient d'abord exemplaires. Mais malheureusement, ce n'est pas toujours le cas. C'est encore loin de là.

Mais un épicier qui risque sa vie pour débusquer un gang au sommet de l'État a fait preuve d'autant de justice, de bravoure, d'idéalisme que de naïveté, dans *Un pas en avant...*

Non ! Pas de naïveté. Il y a des gens honnêtes dans nos sociétés. La société est faite de telle manière qu'on récompense les malhonnêtes plutôt que les honnêtes gens. Et petit à petit les gens ont commencé par penser que c'est le malhonnête qui est mieux traité. La société est finalement gangrenée par la corruption, par la malhonnêteté alors qu'au départ personne n'est malhonnête. Tout le monde se laisse corrompre par la société.

Il y a le même aspect de la dénonciation qui revient dans votre troisième long métrage : *L'orage africain, un continent sous influence*. Nous voyons un dirigeant qui tient tête aux propositions de corruption. Il a lutté pour que les richesses du pays soient pour le pays. Il opte pour la nationalisation. Ici, c'est un film encore plus engagé. Jusqu'où irez-vous ?

L'Africain est méprisé dans le monde. L'Afrique est diabolisée alors qu'elle possède plus de 50% des richesses de cette planète. Et j'ai vu que tout le monde vient se servir en Afrique. Les Africains ne s'en rendent même pas compte. On leur marche dessus. Ce qui me choque de plus en plus, ce sont les enfants qui partent vers l'Europe de façon clandestine pensant que c'est le paradis là-bas et ils meurent.

Ils y vont parce qu'ils ont faim, parce qu'ils ont peur de la pauvreté en Afrique alors que leur continent est riche. Or, les Occidentaux viennent en Afrique pour construire quelques routes, ils viennent dans les mines et piochent les matières premières ; ensuite c'est la direction de leur avion ou de leur bateau pour l'Europe.

Les richesses nous appartiennent et ce sont eux qui fixent les prix, ce sont eux qui décident. Et les dirigeants africains sont contraints ; ils ont peur parce que ces puissances détiennent les armes nucléaires. Elles parlent en notre nom ; elles nous obligent à voter comme elles. Les pays francophones sous tutelle de la France sont obligés par la France de voter comme elle, au Conseil de sécurité. Nous n'avons personne pour nous représenter, pour parler en notre nom et un petit pays comme la France méprise tout un continent qui est l'Afrique en lui imposant ses règles sans raison valable. Or la France s'est faite sur le dos des Africains. De Gaulle a signé des accords secrets avec nos pays et nos pays ont des dettes coloniales. Notre monnaie, c'est toujours la France. Les matières premières, ils viennent en Afrique et ils se servent. Dans les pays comme le Niger, ils y prennent l'uranium. Quand des pays comme la Centrafrique, le Mali… ne veulent pas la guerre, c'est plus facile pour les occidentaux de continuer par piller que de venir sauver ces pays. Et puisqu'on ne fabrique pas les armes, nous avons peur, car les armes sont envoyées par eux.

Comment un pays qui a une armée peut avoir une opposition ou une rébellion qui est plus équipée que son armée ? Ils nous combattent et ils sont prêts à tout moment, mais personne ne se pose la question. Leur armée est-elle plus forte que celle de nos pays ? Et quand un président africain décide de ne plus obéir aux desideratas de la France, on le prend comme un ennemi et les médias y contribuent fortement en jouant un rôle important. Comme je vous l'ai dit précédemment, les Français fabriquent, forment et formatent beaucoup de journalistes africains.

Vous reprochez beaucoup aux journalistes africains aussi, semble-t-il !

Pas outre mesure. Seulement que la plupart d'entre eux, pour plaire, ne font plus la démarche de comprendre, d'être beaucoup plus curieux. Mais je ne leur trouve aucun tort. C'est surtout, parce que nos pays affament les journalistes. Et tout le monde le sait : « le ventre affamé n'a point d'oreille ». Quand vous décidez de l'engagement comme je le fais par exemple au cinéma, on vous suspend. Il y a des journalistes qui résistent, mais il y en a d'autres qui, à cause des familles à nourrir, acceptent, subissent et rentrent dans le rang. Du coup, le combat est perdu. Mais je reste persuadé et assez optimiste. Je sais qu'il y a des journalistes qui sont intègres et qui essayent de se battre.

Faudra-t-il alors refonder le système de sorte à s'autonomiser au maximum ?

Au Bénin, quand vous allez jeter un peu de maïs par terre, cela pousse. Nous avons le Nigeria qui est à côté de nous et qui constitue un grand marché. Cultivez la terre et faites l'élevage et vous allez manger. Maintenant, nous avons les grands lobbies comme ce baron qui gère la vente d'engrais. Des intrants qui viennent polluer nos terres. Parce que quand vous cultivez la terre et vous constatez que le sol est pollué, vous êtes obligés de payer des engrais chez les multinationales qui sont encore des prédatrices. L'agriculture biologique disparaît. Au lieu de manger sainement, vous commencez par payer à manger et les maladies que vous ne devriez pas avoir, vous les rencontrez. Vous avez peur de cultiver vos terres alors que quand vous gagnez de l'argent, vous payez encore à manger. Pourquoi vous ne cultivez pas vous-mêmes ?

Il y a des terres arables un peu partout dont personne ne prend soin. Si vous prenez conscience de tout cela et vous élevez des poules chez vous, je pense que vous serez heureux. Vous pensez que l'agriculture, c'est un travail de paysan ? Non ! Quand vous cultivez, l'excédent, vous pouvez le vendre au Nigeria. Vous trouverez de l'argent pour les fournitures de vos enfants. Quand vous mangez suffisamment chez vous, personne ne peut avoir la main sur vous. Je peux vous jurer que la France n'aura plus de suprématie sur vous. Avoir une grosse voiture, c'est futile selon moi. Ou carrément, quand vos enfants sont allés à l'école, pourquoi ne pas les former pour qu'ils sachent comment fabriquer les voitures ? Voilà encore quelque chose qui n'est pas normal. Les Africains, quand ils signent les contrats, au lieu de voir comment ils vont entretenir le matériel, ils signent les contrats sans prévoir l'entretien or c'est l'entretien qui coûte cher. Du coup, celui qui vend, c'est lui qui vient encore entretenir et on vit toujours dépendants.

C'est comme le serpent qui se mord la queue ?

Pourquoi ne pas dire désormais que si vous allez nous vendre des voitures, il faut nous transférer la technologie, sinon, nous n'allons pas payer chez vous ? En Chine, ça se fait déjà. Tous les pays sont en concurrence maintenant, surtout qu'il y a des appels d'offres. Il y a quelque chose qui est terrible chez nos gouvernants, ils sont tellement complexés. Le complexe existe au point que dans leurs têtes, ce que le Blanc fabrique est toujours mieux par rapport à ce que le Noir fait. Ce que le Blanc dit est toujours juste. Et on préfère chaque fois ce qui vient de l'extérieur. Alors que nous avons des possibilités chez nous. Il y a des gens de bonne volonté, mais on préfère donner l'argent à quelqu'un qui est venu de l'extérieur et qui vient parler de votre histoire, de vos programmes d'actions, de politiques et autres. Ce n'est pas normal parce que vous leur donnez le bâton pour vous abattre. Ils ne voient que vos failles et une fois que vos failles sont vues, ils s'y engouffrent.

Et ce qu'on appelle la continuité de l'État, normalement, quand un gouvernement vient, il doit continuer ce que son prédécesseur a fait et non chercher à détruire tout ce qui a été fait. Il faut éviter les jalousies, les mesquineries. C'est tout ça qui fait que nous en sommes toujours là.

Le tableau est suffisamment noir avec ce diagnostic. C'est à croire que l'Afrique existe pour ne pas s'en sortir. Mais c'est sûr que vous n'êtes pas aussi pessimiste !

On doit se battre pour former nos enfants dès qu'ils naissent. Et déjà à partir de la maternelle, leur donner la fierté d'être Africains. Leur montrer qu'ils sont les meilleurs au monde ; leur montrer l'importance de qui ils sont et qu'ils doivent affronter n'importe qui dans ce monde ; leur montrer qu'ils sont intelligents et brillants. Il faut leur raconter l'histoire des vaillants citoyens de ce continent, ils deviendront de bons citoyens. Mais quand vous les complexez déjà en disant que le Blanc est plus fort et plus intelligent, ils enregistrent et grandissent avec. Non, le Blanc n'est pas plus fort que vous, ni plus intelligent que vous. En Europe, les parents disent à leurs enfants qu'ils sont les meilleurs et peuvent battre n'importe qui au monde. Ils encouragent leurs enfants.

L'autre chose, il nous faudra cultiver davantage l'esprit d'équipe. Quand les Africains voient quelqu'un qui se débat pour sortir la tête de l'eau, ils préfèrent l'enfoncer. Alors qu'on devrait tirer celui qui est dans l'eau vers le haut pour l'aider à grandir. Je me dis : quand allons-nous grandir nous autres et à quel moment allons-nous prendre notre destin en main ?

C'est de tout cela que je parle. Et quand quelqu'un réalise un exploit, il faut l'encourager. Il ne peut pas y avoir un seul réalisateur parce que c'est la gloire. Pour moi, plus il y aura de réalisateurs, plus je me sentirai fier. D'autres réalisateurs ont ouvert la voie. Maintenant, moi, j'ai travaillé dur et quand je travaillais, je ne le faisais pas forcément pour avoir des distinctions. Je travaillais dans le but de faire le meilleur, de donner le meilleur de moi-même pour ne pas être critiqué par ces gens-là que je combats et qui diront de moi que je suis un médiocre. Je fais le travail avec soin et quand je gagne un Prix, je suis content. Mais ce n'est pas une fin en soi. Plus nous serons nombreux à faire le travail avec sérieux, plus nous serons récompensés, plus nous serons respectés.

Après, tout le monde ne peut pas être réalisateur non plus. Il y a un réalisateur dans l'équipe, un cadreur, un ingénieur de son, un scripte, un scénariste, etc. Mettons-nous ensemble et travaillons. Chacun a son nom sur le générique.

Votre ardeur au travail trouve de plus en plus de récompenses. Au nombre de celles-ci, nous avons l'Étalon d'argent de Yennenga[19] et le Prix de l'Assemblée Nationale au Fespaco 2017 pour *L'Orage africain, un continent sous influence*. Comment vivez-vous la réception accordée à ce film dès sa sortie ?

19 L'Étalon d'argent est le deuxième plus grand prix du Festival panafricain du cinéma et de la télévision de Ouagadougou (Fespaco) après l'étalon d'or de Yennenga créé depuis 1972.

Je pense que le film a eu un succès parce que les gens se sont reconnus à travers les propos qu'il diffuse. J'ai écouté les gens tant en Afrique qu'au niveau de la diaspora. Je suis proche des gens de la société civile. J'écoute ce dont ils ont envie de parler. C'est pourquoi le film a reçu un écho favorable. Et aussi les Occidentaux ne sont pas toujours informés de ce que leurs dirigeants font en leur nom. À travers les films, ils découvrent donc un système. C'est ce système que je combats. Et je combats aussi les Africains qui sont des asservis, qui nous manipulent et qui sont prêts à vendre leur dignité.

Après l'Étalon d'argent qui est le deuxième plus grand prix après l'Étalon d'or et qui vous est revenu sur ce festival, vous arrive-t-il de vous dire : « Si j'avais réussi tel détail ou tel autre, j'aurais pu avoir le premier prix ? » Autrement dit, êtes-vous pleinement satisfait de cette distinction ?

J'ai déjà fait partie plusieurs fois d'un Jury et ce n'est pas comme cela que ça marche. Quand je fais un film, je ne me préoccupe pas de ce que je vais gagner. Si vous pensez ainsi, vous n'allez jamais rien gagner. Moi, je me préoccupe du sujet et du message à passer. Il se trouve que dans ce jury, il y a l'assentiment des membres et le film a reçu le deuxième Prix. Ç'aurait été aussi un autre jury et le film n'aurait rien reçu comme j'aurais pu aussi avoir le grand Prix.

Il est fréquent de vous voir jouer les premiers rôles dans vos propres films. Est-ce une manière

de vous occuper vous-même des dénonciations ? Ou ce choix a-t-il une justification artistique ?

À la base, je suis comédien, et les rôles que je tiens et que je ne trouve pas ailleurs, je me les crée. Il n'y a pas de raisons que je ne puisse pas jouer les rôles que j'estime jouer dans mes propres films. Mais comme je le dis, ce n'est pas non plus une obligation pour moi de jouer dans mes films. Je me rends heureux en y jouant et je peux décider un jour de ne plus y jouer. En Europe ou aux États-Unis, des acteurs-réalisateurs jouent dans leurs propres films et ça ne pose aucun problème.

Comment ça se vit quand on s'assoit pour voir son propre travail ? Vous arrive-t-il de procéder à une autocritique ?

Oui, on peut toujours mieux faire. Mais je ne me pose pas forcément cette question parce que quand on entre dans la psychanalyse, on n'en sort plus. Ce qui importe le plus pour moi, c'est le message. Pourquoi j'ai porté ce message ? Est-ce que je l'ai bien passé ? Y a-t-il une cohérence entre le message et ses porteurs ? Si oui, ma mission est accomplie.

Si vous devriez faire le bilan ou l'état des lieux d'un cinéma africain, que diriez-vous ?

Catastrophique. Malheureusement, les dirigeants africains ne pensent pas qu'il est important de financer le cinéma africain. Or, ceux qui financent le cinéma, ce sont eux qui contrôlent l'image. En Europe, quand ils financent le cinéma, c'est pour sensibiliser et influencer leurs populations et infantiliser les Africains. Mais comme la plupart des dirigeants africains sont des incultes et ignorants, ils n'apportent rien au cinéma. D'abord, l'état des lieux du cinéma au Bénin, je ne comprends pas. On dit qu'on veut faire du cinéma et on pousse les acteurs et les réalisateurs à s'endetter pour faire des films, à prendre des crédits. Parce qu'on dit que c'est un produit des privés. Alors qu'on n'a même pas dans les 12 départements et les 77 communes du pays des salles de cinéma pour voir les films afin de permettre aux réalisateurs de rentabiliser. Je ne comprends absolument pas leur logique. Et, visiblement, les décideurs se disent qu'ils feront du tourisme sans l'image, sans la culture. Nous, nous sommes les premiers ambassadeurs de nos cultures. S'ils ne savent pas faire, je l'ai toujours dit, au final, ils vont échouer dans la politique touristique et culturelle du pays.

Le cinéma africain a-t-il sa place aux rendez-vous mondiaux de film ?

Il faut qu'on arrête de penser que le Festival de Cannes est plus important que les autres festivals. Le Festival de Cannes est un système politique. Il n'est pas un festival mieux que le Fespaco, même si on le reconnaît mieux structuré. Comprenez que c'est une arme politique. Je crois que pour le cinéma africain, il faut sensibiliser, éduquer les gens à aller au cinéma. L'éducation nationale peut jouer un rôle ensemble avec le ministère de la Culture pour des sorties scolaires. Nous devons nous réapproprier nos images avant de les restituer au reste du monde. Il faut essayer de parler des problèmes de notre continent, de nos pays, de nos sociétés. Il faut essayer de s'ouvrir au monde au lieu de se calquer tout le temps sur les autres, alors que vous n'avez pas les mêmes moyens qu'eux, c'est-à-dire la volonté d'aider le cinéma. La preuve est que depuis qu'on a fini le Fespaco, mon film n'a même pas été célébré dans mon propre pays[20]. C'est compliqué, il n'y a pas de honte à demander quand on ne sait pas. Quand nos dirigeants ne savent pas, ils peuvent demander et nous allons les accompagner. Et ce que ces dirigeants ne savent pas, ils sont nos employés, ils ne sont pas nos employeurs. C'est nous qui les avons employés. C'est le peuple béninois qui les a employés, à commencer par le chef de L'État lui-même.

Nous n'allons pas nous comporter comme les employés du président de la République. Le pays appartient à nous tous. Je le dis encore, c'est nous qui avons voté pour le président pour un mandat de cinq ans. Nous n'avons de compte à rendre à personne. C'est lui qui rendra compte au peuple après les cinq ans. Il faut que cela soit clair dans la tête des dirigeants. S'il n'y a pas la culture, il n'existera pas

---

20 À souligner que le 11 février 2019, l'État béninois, à travers son ministre du Tourisme, de la Culture et des Sports, Oswald Homeky, lui a témoigné sa reconnaissance suite à sa consécration au Fespaco 2017, en lui remettant un chèque d'un montant symbolique de 20 millions de FCFA.

Nous avons fini les présents entretiens avec monsieur Amoussou en 2018.

de ministère de la Culture. Le ministre de la Culture est notre employé. Il est l'employé des artistes. Peut-être qu'ils veulent des courtisans, mais moi Sylvestre Amoussou, je n'en suis pas un. Je fais mon job et ils doivent aussi faire le leur.

La transition est très bien trouvée. Quand on vient à votre pays en ce qui concerne le domaine de la Culture et des Arts, quelle lecture faites-vous de l'approche des dirigeants par rapport au secteur ?

Ce sont des gens qui ne connaissent pas grand-chose sinon rien au secteur de la Culture, mais qui sont très prétentieux, orgueilleux et ne veulent même pas demander à ceux qui savent. Et moi, c'est des choses qui me choquent. Quand on ne connaît pas, il faut demander. Normalement, on devrait faire des assises pour la culture, discipline par discipline. Dans mon pays, on mélange tout. On prend la culture comme un fourre-tout. Quand on prend par exemple la cinématographie, c'est toute une industrie. De la production jusqu'à la distribution, en passant par la post-production, c'est énormément de boulot. C'est un secteur qui crée beaucoup d'emplois. Quand vous allez dans la musique, le théâtre et autres, c'est encore une autre résonance. Tout cela fait partie de la culture. Il faut prendre le secteur au sérieux. On pense que les artistes sont des gens qui s'amusent. Aujourd'hui, on parle de tourisme et de rapatriement des œuvres d'art du patrimoine béninois qui ont été pillées par le colon. Si les artistes n'avaient pas réalisé ces œuvres d'art, on ne serait pas en train de parler de rapatriement d'œuvres. Or, on sait pertinemment que quand les touristes visitent ces œuvres, c'est de la richesse pour ceux qui les possèdent.

Le Fonds d'aide à la culture (Fac) a existé. Aujourd'hui, on parle de Fonds des arts et de la culture. Que pensez-vous de tout ceci ?

Écoutez ! Je viens de dire que quand on ne connaît pas, il faut demander. Vous savez, en France où je vis depuis des années, le cinéma est subventionné par l'État, le Centre national cinématographique (CNC) accorde des aides, prélève de l' argent sur les films américains diffusés dans les salles de cinéma pour subventionner les films français. Parce que l'expérience a montré que les films français sont, en grande majorité dans la tradition, des films d'auteurs. Ils sont des films qui parlent de la valorisation de la culture de la France. Ce sont des films pour la plupart qui ne sont pas des films à grand spectacle. Il y en a très peu de ces films français qui marchent, par exemple les films commerciaux. Mais ce qui se fait chez moi, pour le moment, est une véritable cacophonie.

Vos compatriotes et confrères dans l'art qui sont restés au pays se démènent tant bien que mal. Depuis la France, comment appréciez-vous l'animation culturelle du secteur ?

Une fois encore, imaginez quelqu'un qui vit en France comme moi, je reviens au pays et je vois que nos artistes se battent. Je les félicite, mais en même temps, je me pose des questions. Comment ces artistes font-ils pour vivre de leur métier ? Je constate que le film n'est pas au Bénin et la preuve en est : quand mon film est sorti, dans mon pays, c'est comme si de rien n'était. Mon film est sorti en salle en France, on m'a appelé en Allemagne, aux Pays-Bas, bientôt je pars aux États-Unis pour la projection du même film. C'est pour vous dire quoi ? Au Bénin, il n'existe pas de salle de cinéma, ni des structures pour permettre aux artistes de diffuser leurs œuvres. Cela signifie que le métier de ces artistes n'est pas reconnu. Moi, j'ai gagné un Prix au Fespaco, mais c'est tout comme si ça n'a jamais existé.

Comment voulez-vous que quelqu'un qui n'a jamais la possibilité de montrer ses films ailleurs s'en sorte ? C'est voué à l'échec. C'est triste pour la génération qui est là, une génération qui a de la volonté et qui est remplie de talents. Mais malheureusement, ce sont des talents qui sont en train d'être étouffés.

Allons à un autre niveau, qu'est-ce que le panafricanisme selon vous ?

Le panafricanisme pour moi, est une manière de penser et qui rassemble tous les Africains de la diaspora et en Afrique qui sont d'origine de la terre mère qu'est l'Afrique. C'est essayer de penser et de développer notre continent par nous-mêmes. Telle est ma compréhension du panafricanisme et telle est ma devise. Nous ne sommes pas plus bêtes que les autres. Nous devons nous donner la main pour le développement de l'Afrique. Cela ne veut pas dire que nous sommes fermés aux autres. La priorité c'est d'abord nous et le développement de l'Afrique sans exclure les autres. C'est de lutter et de faire en sorte que nos enfants vivent mieux demain. Il faut transformer nos matières premières ; et c'est de ça que j'ai parlé dans mon film *L'orage africain, un continent sous influence*. Il faut créer de la plus-value, avoir notre propre monnaie, une monnaie africaine qui ne dépend pas du trésor occidental, et surtout, il faut que nous soyons les décideurs.

En même temps, je pense à chacun des chefs d'État. Les dirigeants africains doivent être unis et cesser de quémander. S'ils ne travaillent pas main dans la main, aucun chef d'État ne réussira et ils vont tous échouer. Nous avons des terres arables de qualité qui peuvent nous nourrir, nourrir nos populations. Aussi, devons-nous prendre nos propres décisions et avoir notre propre monnaie. Car, ni la banque mondiale, ni le Fonds monétaire international (FMI) et tous ces organismes ne sont faits pour nous. Ils appartiennent aux autres.

Justement, le débat sur le franc CFA est revenu sur le tapis, fait remous et défraie la chronique. Quel est votre avis sur la question ? En voyant le processus, y croyez-vous ?

Il faut y croire. Si vous n'y croyez pas, vous ne pouvez pas mener le combat, ce n'est même pas la peine de commencer le combat, dans ce cas. Il faut constater que les enfants d'aujourd'hui ne sont pas les enfants d'hier. En Afrique comme dans le monde, les enfants ont une certaine intelligence. Dans les villages les plus reculés par exemple, les enfants avec l'aide des panneaux solaires, fabriquent, inventent des choses incroyables. Ils sont des enfants éveillés. Il suffit de restructurer les choses pour avoir des gens qui croient en eux. De toute façon, tôt ou tard, je sais que le franc Cfa sera mort et définitivement enterré. Maintenant, quand faut-il signer le certificat de décès du franc Cfa, c'est ça que nous ne savons pas encore exactement. Mais nous allons signer ce certificat de décès parce que le franc Cfa sera "mort et enterré définitivement".

Lorsqu'on évoque les noms suivants, qu'est-ce que cela vous dit, chacun des noms pris individuellement ?

Dominque Zinkpè

Dominique Zinkpè est un artiste que j'ai beaucoup rencontré et aimé de par ses œuvres. J'aime sa création. On dit que ce sont les créateurs qui dirigent le monde. Il a tout dit à travers sa présentation faite et qui est intitulée *Malgré tout* ou *L'Afrique sous perfusion*. Il a tout dit à travers cette image présentée et je trouve que son combat rejoint le mien. Il ne suffit pas de le dire, mais de le prouver à travers des actes. Et Dominique Zinkpè est un artiste qui l'a démontré. Il est un artiste que j'aime beaucoup.

Ousmane Alédji

C'est quelqu'un qui est brillant. Ousmane Alédji est multi cartes et je pense que c'est quelqu'un qui ferait un très bon ministre de la Culture s'il ne se laisse pas manipuler par le système politique. C'est quelqu'un qui aime la culture, l'art, les artistes et il ira très loin. Maintenant la culture et la politique, c'est deux systèmes différents. Mais si Ousmane Alédji reste tel que je l'ai connu et que je le connais, c'est quelqu'un qui peut faire du bien au Bénin dans le domaine de la culture.

Djimon Hounsou

C'est quelqu'un qui est dans le système américain. "Time is money". C'est cela leur système. Djimon Hounsou, C'est quelqu'un que je ne connais pas assez suffisamment. Je lui ai, entre-temps, envoyé un message pour essayer de le solliciter pour participer à l'un de mes films, mais nous n'avons pas eu le temps de le faire. Cependant, il reste un artiste qui fait la fierté du Bénin, de l'Afrique. Moi, quand on porte haut le drapeau du continent, j'en suis fier et ça me réjouit. Je crois que ces artistes doivent penser à la terre mère. Je ne parle pas forcément de l'argent. Mais quand on est artiste né en Afrique ou né en Europe d'origine africaine, il faut penser à la terre mère.

Florent Couao-Zotti

C'est un très bon écrivain. C'est quelqu'un que je connais et avec qui j'ai beaucoup échangé. J'espère qu'un jour, nous aurons la possibilité de collaborer et de travailler ensemble.

Angélique Kidjo

C'est la chanteuse africaine par excellence qui a exporté les chansons traditionnelles du Bénin qu'on connaissait déjà. Et tout récemment, elle m'a agréablement surpris quand on lui a posé la question sur la gouvernance et le franc Cfa sur TV5. Mais je ne veux pas la voir uniquement en tant qu'artiste chanteuse. Elle a du talent et du mérite et quand on a de l'engagement, il faut le mettre au service de son continent et de son peuple.

Monsieur Amoussou, Merci !

C'est un plaisir, Éric.

PRÉSIDENT JURYS

Fespaco 2019 : Courts métrages et films d'école

Master Class/ Formateur :

2020 : Acting en entreprises France

2020/2016 : Prise de Paroles pour hommes politiques et entrepreneurs 2019 Acting pour Canal+Bénin Acting Recidak Sénégal 2018 Acting Festival Maroc

2017 : Acting et Réalisation Tchif Bénin

RÉALISATION

2016 : *L'orage africain*, Long-métrage, Prix Etalon d'Argent de Yennenga Fespaco

2011 : *Un pas en avant*, long-métrage 35mm Prix meilleur Acteur Fespaco-Écran Noir -Burundi...

2006 : *Africa paradis*, long-métrage 35mm Prix Sembène Ousmane - Prix de la CEDEAO

2004 : *L'argent sale*, Court-métrage

2001 : *Africa paradis*, Bande annonce

1999 : *Achille*, Série de 3 épisodes (3 x 26 min)

1998 : *Les scorpionnes*, Court-métrage

THÉÂTRE

2008/2006 : *Monsieur Amédée avec Michel Galabru* d'Alain Reynaud Fourton

2002/2000 : *Black and White*, écrit par Pierre Sauvil sur une idée de Sylvestre Amoussou

1999 *De toutes les couleurs*, écrit par Bernard Granger, sur une idée de S. Amoussou 1998 Irma La Douce

1997 : *Black and Black,* écrit par Pierre Sauvil sur une idée de Sylvestre Amoussou

Trois prétendants et un mari de Guillaume Oyono Mbia

1995 : *Au bon maquis* de Daisy Watozo

1993/1990 : *Monsieur amedee avec Michel Galabru* d'Alain Reynaud Fourton

1988/1987 : *Y a-t-il un otage dans l'immeuble*, de *reynaud fourton* avec Darry Cowl

1986/1985 : *Les amants de madame* de Alain Emma-nuel

ACTEUR DE CINÉMA

2016 : *Il a deja tes yeux* de Jean-Baptiste Lucien

2015 : *Marly gomont* de Julien Rambaldi

2014 : *United passions* de Frédéric Auburtin

2010 : *Un pas en avant* de Sylvestre Amoussou

2006 *Africa paradis* de Sylvestre Amoussou

Le Grand Appartement de Pascal Thomas

2004 : *L'argent Sale* De Sylvestre Amoussou

2002 : *Rires et châtiment* d'Isabelle Dorval

Paris Selon Moussa de Cheik Doukouré

Beau Jeune Mais Détraqué de Igor Sekulic

1995 : *Delphine 1 Yvan 0* De Dominique Farrugia

Fantôme avec chauffeur De Gérard Oury

1994 : *Élisa* de Jean Becker

Le Passage de Bruno Victor Pujebet

1988 : *Black Mic Mac 2* De Marco Pauly

1987 : *O L'ingrat* De Léonce Gabot

Télévision

2010 : *Platane* Avec Éric Judor

1998 : *La cerise sur le gâteau* Avec Anne Roumanoff

1994 : *Garde à vue* Avec Serge Lama De Marco Pauly

1993 : *Paradis absolument* Avec Marc Jolivet De Patrick Volson

Père *Inconnu* de Roke Patoudem

1990 : *Ses Surprises* avec Jean Edern Hallier, Sim, Daniel Prévost

1988 : *La Classe Fr3*

1987 : *Le Retour* de Yanouch Mrozinski

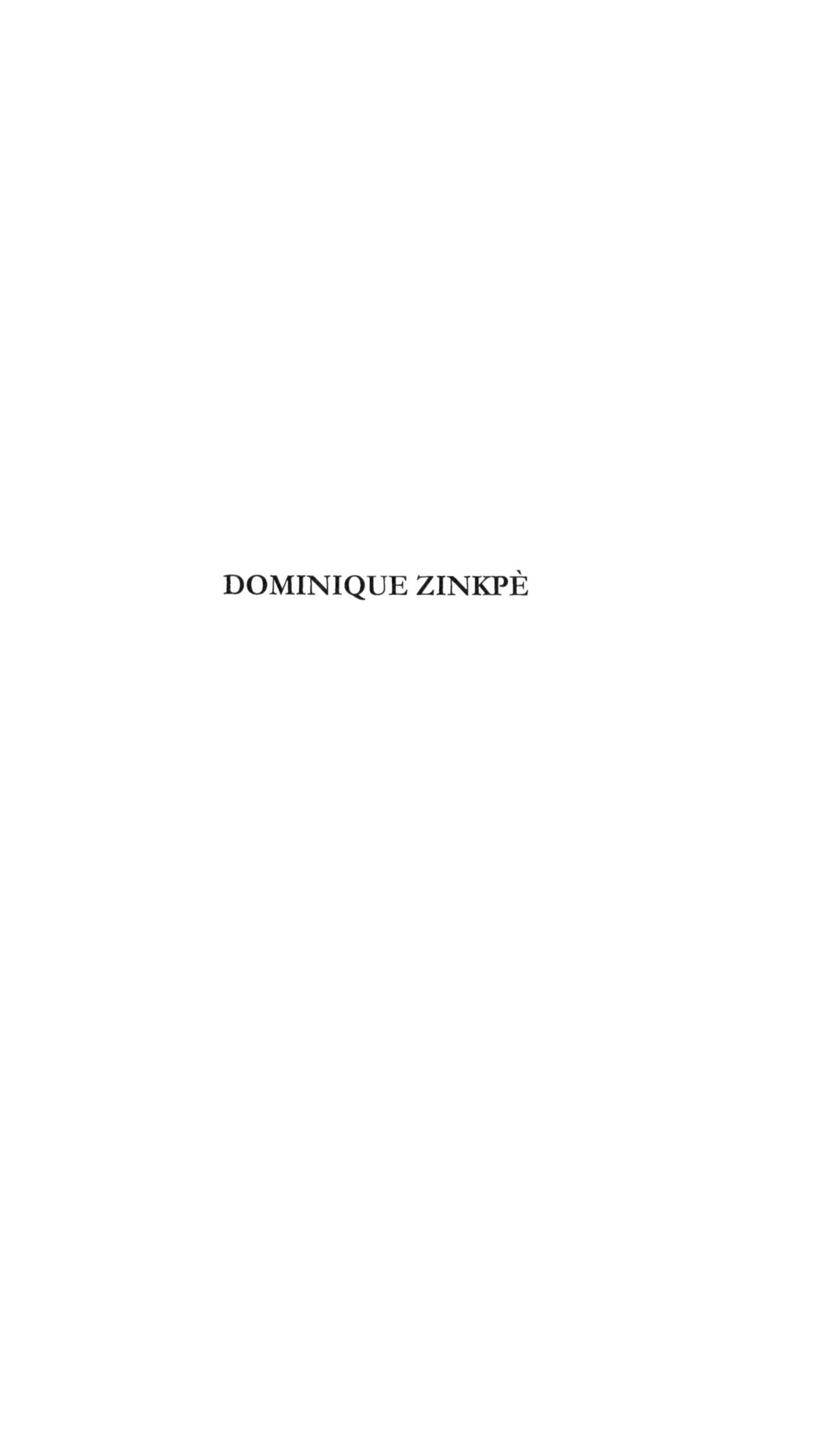

DOMINIQUE ZINKPÈ

Dominique Zinkpè, bonjour. Merci de m'accueillir dans votre demeure où, pendant que je patientais, je ne me suis pas du tout ennuyé. Parce que j'étais très admiratif du décor qu'offre le paysage des plantes, des arbres et des fleurs.

J'en suis honoré.

Vous êtes natif d'Abomey comme le roi Béhanzin, on saura dans cet entretien si vous êtes un résistant comme lui. Vous avez poussé votre premier cri en 1969. Parlez-moi de vos rapports à votre village natal.

J'ai grandi à Abomey, dans la cité historique, comme on a l'habitude de l'appeler. Et c'est vrai, car c'est dans cette ville qu'on a vu se succéder nos rois. Abomey ne pouvait pas laisser indifférent un enfant qui y a grandi, parce que c'est une ville qui a un son, et qui a une odeur. Pour mieux m'expliquer, quand j'étais élève, moi qui ai l'héritage de la religion catholique, plus tard, j'ai commencé par avoir l'héritage de la religion animiste, et c'est Abomey qui en a ainsi décidé. Mes parents étant catholiques, je devais aller à l'église pour montrer que je suis un enfant docile. Mais entre l'église et la maison, il se passe beaucoup de choses. Il n'est pas rare de voir des Vo-dounsi[21] déambuler en plein jour, d'entendre les sons d'Egungun, et, dans la nuit profonde, d'entendre la voix du Oro[22]. Alors, l'on ne peut être insensible à tout cela. On aura beau fermer ses oreilles et ses yeux, la bouche ne se fermera pas, car il y a des sensations fortes qui sont transmises à Abomey. L'environnement peut aussi formater, à moins qu'on y soit profondément indifférent. Pour moi, tout cela m'a marqué très particulièrement. Et puisque j'ai des parents assez tolérants, j'ai profité de cette richesse culturelle aussi bien catholique, traditionnelle qu'animiste. Même si je ne suis pas un initié du Vodoun, il y a des scènes qui m'ont tant impressionné. Pour moi, Abomey est un écran géant. À l'époque où on grandissait, il n'y avait pas la télévision, mais on ne s'ennuyait pas du tout. Notre écran était la grandeur de la ville d'Abomey.

Comment s'est passée l'enfance d'un homme qui deviendra plus tard un grand artiste ?

Mon enfance s'est passée dans une bonne famille en toute liberté et dans une ville très généreuse. C'est une ville où tout le monde éduque l'enfant. Quand bien même un adulte n'est pas de votre famille, il vous prodigue des conseils. Abomey est une ville où règne l'esprit de communauté. Il y a tellement de choses à dire sur Abomey au point que je ne sais plus

---

21 Adeptes du culte Vodoun.

22 Divinité liée à l'aire culturelle yoruba nago dont le rituel est l'apanage exclusif des hommes.

quoi dire. J'ai toujours envie d'y retourner, mais le travail fait que je suis souvent empêché.

Il y a des étoiles qui apparaissent dans vos yeux lorsque vous parlez de votre ville natale. Avez-vous souvenance d'une histoire qui y a particulièrement marqué votre enfance ?

Oui, je me rappelle. Mais ce n'est pas en réalité des événements qui sont différents de ce que peut vivre tout enfant. Cependant, je parlerai de ce que la cité royale a fait de moi, Abomey est riche en culture, en connaissance si on a envie effectivement d'apprendre. Aujourd'hui, on parle de l'art contemporain ; mais sachez que j'y ai pris goût depuis Abomey sans le savoir ; d'une manière naïve au début. Mais après, quand c'est devenu plus sérieux, je m'étais obligé à faire des recherches pour comprendre les choses que je voyais tous les jours sans en comprendre le sens réel. Cette ville m'a construit. Je donne un exemple très simple : j'ai découvert plus tard qu'il y a une forme de structuration au sein des palais royaux. En ces lieux précieux, la population est bien organisée ; il y a des sages, des enseignants, des ministres qui détectaient les meilleurs talents dans le domaine de la chanson, de la musique, de la danse et de l'art plastique. L'un des exemples, c'est Cyprien Tokoudagba[23]. Et vous savez que les familles Hountondji se

---

23 Cyprien Tokoudagba : né à Abomey en 1939 et mort en mai 2012, est un peintre, modeleur et sculpteur béninois à reconnaissance internationale qui a vécu et travaillé à Abomey. Son art est

sont vu confier la tâche de transformation des métaux ; les Yemandjè, tout ce qui est bas-relief et tout ce qui est tenture appliquée sur toile.

Il y a cette structuration qui existait que je trouve très sidérante, un principe dont pourraient s'inspirer nos États contemporains. Quand on détecte les talents, on leur donne des terres, on leur trouve des épouses, et ils sont exemptés d'impôts afin de se consacrer, durant toute leur vie, à la création aussi bien pour parer les rois que pour fabriquer les objets rituels ou cultuels. Pour raconter le cas des Yemandjè, il faut dire que pour des témoignages de guerres, ils font des répliques en tenture. Quand vous allez au musée historique d'Abomey, il y a encore ces tentures à titre de témoignages, grâce à la création. Je voudrais préciser que c'était une intelligence qui permettait de dire que tel talent détecté n'a pas besoin d'aller au champ, ni de payer les impôts ; mais est à mettre au service de la cour royale. Quand on fait bien les enquêtes, l'on se rend compte que cette politique qui s'appliquait dans la cour royale d'Abomey était pareille à celle qui était en vigueur pour le maoïsme ou le léninisme. C'est une pratique pour faire l'apologie et être au service du roi. C'est vrai que c'est réducteur ; mais, au moins, il y a cette conscience de travailler pour une cause nationale. Pour ne pas sortir de notre champ de discussion, je dirai que j'ai trouvé tout cela assez intelligent. C'est d'ailleurs ça qui

---

inspiré par la représentation des symboles religieux du Vodoun qu'il a utilisés pour la décoration de nombreux temples et édifices vodoun (sculptures et peintures murales).

m'a permis d'avoir très rapidement accès à plusieurs formes d'art. Quand on se promène, et qu'on fait un tour chez les Hountondji, on entend le son des métaux des forgerons qui travaillent au quotidien. Et on sait que dans ce quartier, il n'y a que les forgerons. Tout cela a une beauté à mes yeux.

Avec tout ce récit, dois-je encore vous demander d'où vous est venue pour la première fois l'idée de devenir plasticien ?

J'étais naïf, en même temps très curieux, comme je le disais précédemment. Cela m'attirait sans que je ne sache réellement pourquoi. C'était simplement un loisir pour moi. Aller voir, visiter les forgerons était autant plaisant qu'aller jouer au football. C'est aussi de la même manière que je traînais pour aller voir les tentures des Yemandjè. J'ai pris conscience à petits coups que tout cela a un sens réel dans mon destin. Et, quand plus tard j'ai découvert que j'avais une habilité à dessiner, j'ai commencé par voir aussi ce qui se passait au niveau des autres artistes plasticiens qui, peu à peu, m'ont donné le goût. Ce qui était un simple loisir pour moi est devenu une tâche laborieuse et sérieuse.

Mais pas si rapidement, parce qu'il y a eu plusieurs étapes. Mais avant d'en venir aux étapes, quelque chose reste encore curieux. Un jeune Dahoméen, des années 60 vivant à près de 140 kilomètres de Cotonou (la ville métropole), préfère l'art plastique. Enfin... On comprend désormais

que c'est l'environnement qui a favorisé cela. Mais, n'était-ce pas surprenant aux yeux de vos proches ? N'était-ce pas un peu luxueux aussi ?

C'était étonnant. Ce n'était pas un luxe. Bien au contraire, le regard qui était porté sur un artiste plasticien n'était pas du tout un regard sur du luxueux. À l'époque, on pensait déjà que c'est un métier qui a un revenu aléatoire. Les parents qui aiment leurs enfants ne vont pas risquer de les encourager à s'intéresser à l'art, parce qu'il n'y avait vraiment pas de débouchés artistiques viables. C'était un rêve utopique. Il y avait beaucoup d'autres priorités, car payer une œuvre et la mettre chez soi n'était pas des habitudes. S'il y avait un luxe, c'est peut-être créer des œuvres et les exposer. Alors, moi je trouve que nos proches avaient raison. Ils n'étaient pas des ennemis, mais ils étaient plutôt des conseillers pour la réussite de leur jeune frère. Toutefois, avec un peu d'engagement de mon côté, ils ont compris que c'est un métier qui peut construire un homme.

Là, nous nous exprimons en français, cela peut sous-entendre que vous avez été à l'école. Et si on en parlait ! Arrivé à une étape, vous abandonnez les classes ? Quel a été votre cursus ?

(Rire) Une longue histoire. J'allais à l'école comme tout enfant et j'ai même poursuivi les études un peu plus loin. J'ai fait une bonne partie de mes études à Abomey. Mais à un moment donné, l'art de dessiner prenait le dessus. Et vous savez que quand on n'est pas bien motivé dans une activité, elle devient fade pour soi. Je n'ai pas laissé les bancs comme on a l'habitude de le dire. C'est parce que pour moi, continuer les classes était une perte de temps. Je voulais surtout exprimer mes pensées. J'ai donc décidé, à un moment donné, d'arrêter les études pour me consacrer à l'art, malgré l'absence d'une école des beaux-arts.

Et aucune autre discipline artistique ne vous intéressait à côté de l'art plastique ?

Je m'intéressais surtout à l'écriture et à la poésie ; mais chaque personne se connaît, il y a des domaines où on n'a aucun talent. J'admire les formes de l'art et je reconnais mes limites. Par contre, je me sentais mieux pour m'exprimer à travers le dessin, la peinture, et plus tard la sculpture. Ce qui était essentiel, je pouvais prendre la parole pour m'exprimer. Il faut le rappeler, prendre la parole n'est pas une exclusivité des politiques ; c'est aussi de pouvoir prendre la parole pour dire son opinion, et on pouvait le faire facilement à travers l'art. C'est une des raisons pour lesquelles j'ai peu continué les études pour me consacrer à l'art. Je ne comprenais pas réellement l'importance des études. Je me disais : à quel moment je pourrai réellement utiliser tout ce qu'on m'enseignait à travers les différents théorèmes ? La seule importance des mathématiques, selon moi, c'était d'aider à compter et faire les calculs. Mais la physique n'avait pas d'utilité pour moi, car on n'a jamais trouvé de l'eau avec tout ce qu'on nous dit à propos des atomes et autres. Pour moi, les grands physiciens ou chimistes, ce sont ceux qui peuvent arrêter la pluie. J'avais renoncé juste après le baccalauréat ; mais bien plus tard j'ai renoué avec l'université pour avoir un Master en arts plastiques.

Mais pour les parents, il fallait nécessairement apprendre un autre métier que l'art. Et vous apprendrez d'abord à coudre des tenues. Quand avez-vous commencé la couture ?

Je dirai que c'était un défi par rapport à ma famille. J'ai grandi dans une famille très tolérante. Voulant exercer dans l'art, on voulait que je démontre à tous que j'ai un métier une fois le Bac obtenu. Or, à l'époque, on pouvait devenir facilement instituteur avec son diplôme de baccalauréat. Mais ce n'était pas du tout dans mes aspirations. J'avais donc dit aux parents que je voulais apprendre un métier. Ils m'ont alors demandé de choisir entre la mécanique, la couture, la menuiserie, et la soudure avec une argumentation à l'appui justifiant mon choix. J'ai choisi la couture, car, me suis-je dit, c'est au moins un métier de créativité. J'aurais pu choisir la mécanique si on fabriquait les pièces au Bénin au lieu de juste les rechanger. Alors j'ai suivi la formation, et c'est de cette manière que je suis devenu couturier. La couture m'a beaucoup aidé ; tous mes amis venaient coudre chez moi. Elle m'a permis de bien me retrouver dans l'art. J'utilisais ce que je gagnais dans la couture pour supporter mon travail dans l'art. Je payais très facilement les pots de peinture, ce que mes collègues ne pouvaient pas faire. La couture m'a permis d'oser. Je faisais même, déjà à 23 ans, des toiles de quatre mètres.

Justement ! De la couture des tenues, vous passerez à la couture des idées. Quand avez-vous senti que vous êtes réellement artiste plasticien ?

Quand, je ne saurais réellement dater. Mais je pense que c'est au moment où des amis et journalistes ont commencé à m'appeler plasticien. Je faisais le travail par passion. Je n'avais pas la prétention d'être forcément artiste. L'essentiel pour moi était d'oser, de peindre, de dessiner, et de réaliser des sculptures. Mais j'ai vraiment pris conscience de ma démarche à « Grapholie » en Côte d'Ivoire, quand j'ai eu ce prix de reconnaissance du jeune talent africain. C'était pour moi une forte reconnaissance de mon travail. Rentré à Cotonou, j'ai connu un changement radical dans ma vision de l'art.

Vous avez été révélé par votre travail en 1993 à Abidjan sur le rendez-vous international des arts plastiques que constitue « Grapholie ». Que peut-on savoir notamment du Prix Jeune Talent Africain qui vous est revenu ?

C'était une exposition internationale où le Bénin était représenté par nos meilleurs artistes dont Franck Dossa, Koffi Gaou, Dominique Kouas, Meschac Gaba et bien d'autres. J'étais le plus jeune parmi tous ces artistes. À la fin, j'avais eu le Prix du Jeune Talent Africain. C'était une joie, une fierté pour le Bénin, et les aînés m'avaient beaucoup félicité. Mais après que le prix m'a été décerné, il y avait des frustrations. Ce n'était pas contre la personne de Dominique Zink-pè, mais contre des institutions. Les étudiants se sont levés pour dire : « Comment le Prix du Jeune Talent Africain pouvait revenir à un autodidacte ? ». Les frustrations étaient surtout relatives à la formation que donnaient les écoles de beaux-arts. Comment forment-elles pour que le Prix du Jeune Talent Africain ne revienne pas souvent aux étudiants ! L'inquiétude dérangeait beaucoup les professeurs. Ceux-ci, pour se défendre, ont dit qu'ils ne jugent pas l'œuvre de l'artiste en fonction de son école de formation, mais plutôt en fonction de la qualité de l'œuvre réalisée.

Très tôt, vous avez développé l'esprit du partage de connaissances. On connaît les ateliers Zinkpè. Que pouvez-vous en dire ?

C'était important d'avoir des ateliers, non seulement pour les artistes aspirants, mais surtout pour moi d'abord. Mon atelier est toujours resté ouvert aux artistes, parce que j'ai compris qu'il y a un besoin urgent pour les jeunes intéressés par l'art. C'est d'ailleurs ce qu'a fait Feu Joseph Kpobly[24] que j'ai beaucoup fréquenté quand je grandissais. Avec ce dernier, je découvrais déjà le design, la sérigraphie. Eh bien, quand j'ai ouvert mon atelier, des jeunes venaient me voir pour se renseigner sur comment l'art fonctionne. C'est vrai que je n'étais pas un professeur spécialiste de l'art, mais il y a les livres qui nous aidaient beaucoup. Peu à peu, c'est devenu très sérieux et des parents ont même décidé de me confier leurs

---

24 Considéré comme le chef décorateur attitré du cinéma africain, Joseph Kpobly est né en 1957 et s'est éteint le 14 juin 2005. Formé en peinture aux beaux-arts à Paris, il s'est imposé par son travail et a marqué le milieu de l'audiovisuel et du cinéma africain.

enfants pour un apprentissage en art. Avec le temps, nous avons connu des améliorations grâce aux projets que j'organisais avec les autres artistes pour nous permettre d'être ouverts aux critiques des autres en partageant nos expériences et pratiques. Et c'est cela qui a permis à mes apprenants d'être des artistes confirmés.

Il va sans dire que vous-même êtes un artiste confirmé. Aujourd'hui, vous êtes cité parmi les artistes plasticiens africains contemporains les plus connus. Mais parfois, on a l'impression que cette reconnaissance est plus remarquée à l'international que chez vous. Avez-vous le même sentiment ?

Non ! Je pense que j'ai une reconnaissance tant en Afrique qu'à l'international. Si je suis reconnu en Europe, la raison est simple : c'est parce qu'il y a beaucoup de lieux d'exposition en Europe. L'époque à laquelle j'ai commencé à montrer mon travail était aussi propice. L'art contemporain africain commençait à être adulé. C'est quelque chose qui fonctionne de façon cyclique. Après l'essor de la Chine dans l'art, c'est l'Afrique qui est en train de prendre son envol. Tous les regards étaient beaucoup plus tournés vers l'art contemporain africain. À l'époque, la plupart des artistes plasticiens qui exposaient en Europe allaient plus souvent dans les lieux ethnographiques. Parmi les précurseurs, je peux citer Georges Adéagbo, Romuald Hazoumè, et bien d'autres qui ont honoré les grands rendez-vous d'exposition en arts plastiques dans le monde. Après ces précurseurs, des gens se sont intéressés aux artistes plasticiens contemporains béninois parmi lesquels je me retrouve.

Je pense donc que c'est tout un ensemble qui a fait que nous sommes plus reconnus à l'international, et maintenant chez nous aussi. Nous n'étions pas restés ici à Cotonou ; et dans le temps, je ne sais pas si le ministère de la Culture a fait une politique particulière de promotion des artistes plasticiens à l'échelle internationale. Mais je dois tout de même affirmer qu'ils ont beaucoup fait pour nous, car le pays nous a tout donné. Dieu nous a donné un Bénin où il y a un bon climat, il n'y a pas la guerre. C'est un pays où les gens sont sympathiques, cultivés. J'ai constaté qu'il n'y a jamais eu de censure au niveau de l'art. Rarement, on constate qu'il y a une musique qui a été interdite. C'est pareil quant au théâtre et aux expositions. Tout cela voudrait dire que les penseurs béninois sont en phase avec leur société.

C'est vrai que nous sommes plus connus à l'extérieur ; mais je dois aussi reconnaître que nous ne sommes pas moins connus chez nous comme beaucoup le pensent. Pour sortir du général, il faut avouer que l'art plastique est un acte particulier, profondément individuel et égoïste. Si les artistes ne sont pas connus au Bénin, c'est aussi un peu notre faute. Au moment où moi je grandissais, j'ai eu accès aux meilleures expositions à l'Institut français, des fois aux Centres culturels américain ou chinois. Donc, même chez nous, c'est sur le territoire étranger qu'on expose nos travaux, nos œuvres. Nous nous sommes isolés dans notre propre pays. Je prends un autre petit exemple : quand on nous invite à exposer à l'Institut français et qu'on nous demande de dresser la liste des personnes à inviter, nous ne pensons qu'à l'argent. Nous faisons le calcul de l'argent, et on ne faisait qu'inviter en général les médecins, les avocats, etc. Pourtant, il y a le Béninois commun, et même des artistes qui travaillent à Adjarra, à Calavi, à Cotonou et autres contrées, mais qui ne sont pas invités pour la plupart. Ils ne sont même pas informés de ce que nous faisons. La population n'est informée de rien. Quand tu demandes même au Zémidjan[25] qui te transporte de rentrer dans la salle d'exposition, il refuse, car, croit-il, ce n'est pas chez nous.

Il n'y a pas en réalité une si grande ouverture autour des expositions. Il n'y a pas une grande visibilité, une grande reconnaissance de ce que nous faisons. Quand c'est la musique par exemple, lorsque l'artiste produit son œuvre, il est montré à la télévision ; mais quand il s'agit de l'artiste plasticien, sa reconnaissance n'est pas visible. Les artistes plasticiens sont vraiment dans l'anonymat. Même dans mon quartier ici à Abomey-Calavi, les gens savent que je suis artiste plasticien ; mais en réalité, ils ne savent rien des œuvres que je produis.

Au cours d'une discussion avec mes collègues plasticiens à propos des expositions, j'ai entendu une phrase qui m'a tétanisé. On me disait : « Zinkpè, laisse tomber,

---

25 Conducteur de taxi-moto.

de toute façon, ils ne sont pas assez mûrs pour comprendre ce que nous faisons ». Je dis qu'ils sont très bien mûrs pour comprendre ce que nous faisons. Moi je pense que c'est plutôt nous qui ne sommes pas assez bons pour partager nos œuvres avec notre population. Dans les cours royales, ils savent ce que c'est que la valeur de l'art. Il y a toujours des gens qui continuent de payer les bijoux, les tentures. Ils le font parce qu'ils connaissent la valeur de l'art. Dire donc qu'ils ne comprennent pas ce que nous faisons, c'est insulter notre propre intelligence. Personnellement, j'ai œuvré dans ce sens. À l'époque, beaucoup ne nous connaissaient pas. Au moins, on savait ce que c'est que la peinture, la sculpture, mais tout ce qui est de l'art de la performance, beaucoup s'y connaissaient peu. Ils pensent que la photographie et la vidéo n'étaient pas considérées comme de l'art. J'ai donc dit à mes contemporains qu'il faut démystifier un peu l'art. Le projet a été de se mettre à nu devant le public en créant directement devant lui, afin de lui expliquer comment se passe l'art. Dans le temps, j'ai pris la place de l'Étoile-Rouge à Cotonou, pour faire découvrir au public profane ce que c'est que l'art. C'était très beau à l'époque. Cette exposition en espace public avait permis à la population de prendre conscience et connaissance de notre art.

En poursuivant mes œuvres, un jour, l'idée m'est venue de faire une exposition qui porte sur le taxi-brousse. Le projet était de vendre l'image de l'Afrique en mettant en exergue la situation économique de la population. J'avais voulu montrer à travers cette exposition comment les gens s'entassaient dans les véhicules, les taxi-bâchés, pour aller vendre au marché. Il faut le rappeler, j'ai eu cette inspiration du vécu des Béninois, notamment de la population d'Abomey. Quand j'ai fait cette exposition devant l'Institut français, la rue était bondée de monde, beaucoup étaient curieux de découvrir. Cela m'a permis d'avoir, à l'époque, mon premier salaire ; et je tiens à le notifier, c'était dans la rue. C'est pour dire que l'art a de la valeur et a beaucoup d'importance aux yeux des populations béninoises. Elles le comprennent très bien. En résumé, ce projet de taxi-brousse a été même demandé dans la sous-région. Je suis allé au Mali, au Sénégal pour en réaliser. J'ai fait jusqu'à dix « taxis » et je les ai vendus ; au moins trois sont dans des musées très importants. Avec ce projet, j'ai peint l'image de l'Afrique et elle a été respectée.

Du coup, votre art, c'est d'abord pour les vôtres. Il serait donc superflu de vous demander pour qui vous peignez.

D'abord pour ma société et pour nos sociétés. Je disais précédemment que l'art est un acte égoïste. Le fait de réussir à peindre, c'est une manière de se faire plaisir. Le plaisir dans l'art se fait plus sentir encore si on a un public qui veut acquérir les œuvres. Et, le comble du bonheur, c'est lorsqu'il y a des musées qui partagent les œuvres artistiques réalisées.

Il paraît que l'art plastique au Bénin doit beaucoup au Vodoun. Qu'en savez-vous ?

Je pense que ce n'est pas étonnant. Mais je ne dirai pas que c'est affirmatif sur toute la ligne, parce que je connais de bons artistes qui n'ont aucune relation directe avec le Vodoun. Mais la plupart des artistes en sont influencés, parce que nous sommes des fils du Vodoun. Ne pas le reconnaître, c'est nous renier nous-mêmes. Je ne dirai pas que tel ou tel est de Sakpata[26] ou de telle autre divinité. Mais je sais que toute (ou chaque) vraie famille béninoise a du Vodoun chez elle. Et c'est sous diverses formes du Sud au Nord. C'est purement traditionnel. Le nom Vodoun est plus partagé en apparence. Au-delà de l'animisme, Vodoun est une tradition. Notre tradition est si grande et riche. Elle est composée de divers compartiments, de plusieurs croyances diverses les unes des autres. Quand on va par exemple à Ouidah visiter le temple des Pythons, ce n'est pas encore du Vodoun. C'est juste une croyance et un totem dans le milieu. On voit que le temple est peint. Je comprends tout cela comme ce que j'appelle le code des influences. Dans d'autres pays, ce sont les écritures. Vodoun a également son écriture. Quand je prends par exemple les couleurs, on sait que lorsqu'on évoque la couleur blanche ou rouge, c'est plus rapproché du Vodoun Hêviosso[27]. L'artiste plasticien n'est pas obligé de

---

26 Une des divinités les plus populaires du panthéon vodoun, Sakpata est d'origine Yoruba et est connu comme le dieu de la variole et plus généralement des maladies éruptives, dans les pays du Golfe du Bénin, également au Brésil et en Haïti. Au Bénin et au Togo, Sakpata est aussi considéré comme la divinité de la terre.

27 Une divinité du panthéon vodoun, Hêviosso est traduit par le mot « Tonnerre » qui relève de son autorité. Dans sa matérialisation, Hêviosso tient en main un emblème : le « Sokpé » ou le « So-Siovi », étymologiquement « hache de tonnerre ». Il est consi-

traduire cette idée à travers son œuvre. Mais je sais qu'ayant vécu dans un tel environnement, l'artiste plasticien, d'une manière ou d'une autre, a trait de façon inconsciente au Vodoun, parce que c'est de notre subconscient. Cependant, cela ne veut pas dire que toutes nos créations contemporaines du Bénin auront pour cœur le Vodoun.

Dans votre travail, il y a certains signes. Le professeur Joseph Adandé, Maître de conférences en Histoire de l'art, parle d'accumulation[28], pour désigner ce qui est de l'expression de la présence du Vaudou dans votre art. Et quand on se réfère aux jumeaux *Ibéji*, on ne s'en étonne pas. Quelles interprétations en faites-vous ?

Le travail sur *Ibédji*, ce n'est pas du Vodoun. Ce qui m'a attiré, c'est d'abord la croyance, c'est aussi cette culture partagée. Quand j'avais eu à faire des peintures, je m'amusais volontairement, en bonne conscience, à utiliser des couleurs liées aux cérémonies Vodoun avec leurs sens, et non les symboles, pour ne pas offenser les initiés. J'ai remarqué que la tradition des jumeaux ou le concept « jumeaux » est partagé, en dehors du Bénin, par des pays de l'Afrique de l'Ouest comme le Nigéria, le Togo, le Ghana, sous diverses appellations. Chacun de ces peuples continue de partager cette tradition et les artisans réalisent encore des sculptures pour célébrer la gémellarité.

déré comme un dieu de justice.

28 Adandé Joseph Codjovi Étienne, Du vodoun et des arts hier et aujourd'hui en République du Bénin, in *Bois sacré,* Wallonie-Bruxelles internationale.be, 2014, 145 p.

J'ai trouvé tout cela significatif. On aura beau mettre les frontières entre les peuples, ils fonctionnent toujours de manière assez forte et en harmonie. Moi je m'intéresse surtout au sens et à la forme qu'on donne aux jumeaux en Afrique. Toute la valeur qu'on en accorde oblige à en faire une sculpture. La plupart de mes travaux questionnent l'Homme du corps à l'âme. Toute l'anthropologie et tout l'humanisme autour des jumeaux font que dans mes œuvres, je ne m'étonne pas de m'intéresser aux jumeaux.

Je veux donner à ma tradition une valeur, un sens nouveau ; quand nous quitterons cette terre, la postérité comprendra le sens et la valeur que l'art plastique, au temps de Zinkpè, a accordés à la tradition. Pour me résumer, c'est tout simplement une démarche artistique de revendication identitaire.

Revendication identitaire avez-vous dit ! Le concept d'africanité est cerné de différentes manières. Pour Léopold Sédar Senghor[29], c'est l'ensemble « des valeurs culturelles qui soient communes à tous les Africains. Mais celles-ci, on le sait, sont conditionnées par la géographie, l'ethnie voire la race ». L'artiste africain semble rejeter aujourd'hui toute catégorisation de son œuvre ou de son travail, peut-être pour refuser les appréciations péjoratives. Il souhaite plutôt qu'on parle de l'art en général. Dominique Zinkpè est de quel côté ?

---

29 Senghor Léopold Sédar, *Les fondements de l'Africanité ou Négritude et Arabité*, Présence Africaine, Paris, 1967, p.10.

Ce sont des polémiques dans lesquelles je ne souhaite pas rentrer, mais dire qu'il n'y a pas d'arts africains, c'est oser ; et c'est presque insultant. Il y en a et il y en aura toujours. Pour les créateurs d'aujourd'hui, notamment pour beaucoup d'artistes qui travaillent bien, ils ne rentrent plus dans ces polémiques. L'appréciation revient à la population et au temps. Chacun est faiseur de travail comme il peut.

Quant à ma position, je pense que les sociétés africaines ont un grand problème. C'est comme beaucoup de jeunes femmes aujourd'hui qui se dépigmentent la peau. Je ne sais pas le problème ou le mal qu'il y a à affirmer clairement sa belle couleur de peau. C'est tout comme si, dire qu'on est Africain, c'est réducteur. Je pense que l'idée selon laquelle les Africains sont des inférieurs continue de suivre certains. Je suis pleinement un artiste africain ; et cela ne m'empêche pas d'avoir un langage universel. Ceux qui se revendiquent d'être uniquement des artistes contemporains sans ajouter africains, ils ont tort. Ce sont ceux-là qui peuvent se dépigmenter la peau ; ils sont des gens hybrides. Ils veulent rester comme tout le monde. Ils oublient que nous avons une identité remarquable et des forces en Afrique. Ayons quand même une certaine reconnaissance à nos grands-parents. Quels Chinois, Japonais ou Français avez-vous vus bannir sa culture ? C'est un sujet que je n'aime pas aborder. Je suis prêt à défendre à tout prix cette belle africanité à travers mes œuvres. Je suis artiste plasticien et je confectionne, crée des objets. Il revient au monde de les classifier. Les peuples sont faits différemment et il faut vendre sa particularité. Je suis pour la globalisation, mais cela ne veut pas dire qu'on va tous se ressembler. C'est de permettre en réalité à chacun, avec sa particularité et ses différences, de former un monde en parfaite harmonie. Je n'apprécie pas du tout les polémiques autour de la catégorisation de l'art.

C'est d'ailleurs toutes ces polémiques qui font que l'art supposé contemporain tout court devient fade. Elles encouragent les artistes fainéants qui veulent faire comme tout le monde. Parce qu'ils ont les outils dans leurs mains, ils veulent ressembler assez facilement aux Européens. Du coup, quand ils sont bloqués, ils commencent par tourner en rond. Ils doivent savoir que l'artiste plasticien africain doit vendre sa particularité. Il faut être soi-même à travers l'art.

Pour vous, qu'est-ce qu'alors l'universalité de l'art ? L'art est-il universel ?

L'art est effectivement universel, il y a une universalité dans l'art. C'est-à-dire que la pensée à travers l'art doit, quel que soit le médium, dire la même chose. Quand je traduis par exemple la tristesse, le bonheur, le Japonais, à l'instar de tout le monde, doit sentir que je parle de la tristesse et du bonheur. C'est ça l'universalité dans l'art ; mais il n'est pas question de catégoriser l'art. L'essentiel est de maîtriser le langage universel plastique afin de l'exprimer à tout le monde. Quand bien même je revendique une africanité, il m'est arrivé plusieurs fois, au cours des expositions, d'expliquer mon œuvre en d'autres langues. La belle preuve, au cours d'une de mes expositions en Allemagne, beaucoup ont cru que c'était le travail d'un Allemand. C'est ce qu'est en réalité l'universalité à travers l'art, car c'est en décodant qu'on a beaucoup d'idées.

Effectivement dans votre travail, on ne remarque pas que vous vous enfermez dans une bulle. Dans vos œuvres après l'année 2010, notamment *Mademoiselle* ou *Cérémonie* ou encore toute la collection, je peux me tromper, on a l'impression de retrouver le peintre dessinateur Egon Schiele dans ses dessins de « L'humain désarticulé », ou la violence, le sang ressemblant à l'Anglais Francis Bacon et le banal avec l'Haïtien-Newyorkais Jean-Michel Basquiat. Connaissez-vous ces artistes ? Et quelles influences ont-ils sur votre travail, si oui ? On commence par qui ?

Ils sont tous des maîtres qui m'ont enseigné. J'ai eu la chance d'être à une exposition consacrée à **Egon Schiele** à Vienne ; et j'ai compris que je ne me suis pas trompé profondément. C'est un artiste qui a du talent et qui a une maîtrise profonde des mains. Moi je suis intéressé par les traits chez Egon Schiele, et particulièrement par les mains. Tout artiste qui s'essaye à la peinture peut comprendre aisément de quoi je parle. Les mains, c'est l'une des parties du corps, à mon avis, les plus difficiles à dessiner. Mais lui, il a une certaine facilité à le faire. Les mains parlent par les gestes. Quand on prend les mains, c'est un peu comme l'ouverture de notre corps qui exprime beaucoup de choses. Il m'a tellement influencé par cette partie de son travail et ses traits vifs et assez simplistes.

Quant à **Basquiat**, je dirai que beaucoup pensent (notamment les ignorants de premier degré) que je copie Basquiat. Évidemment que je le copie. C'est un artiste que je célèbre ; j'adore son boulot, mais je n'aime pas l'ensemble des travaux de Basquiat. Cependant, profondément, j'aime son énergie. La liberté de Basquiat dans son travail, je ne l'ai pas encore retrouvée chez beaucoup d'artistes. Qu'est-ce que j'appelle énergie chez Basquiat ? C'est un monsieur qui n'a pas peur de la peinture, il excellait en toute grande liberté. Il n'avait pas du tout peur des couleurs. Il était libre en créant sa propre source. Il se foutait même des théories académiques relatives à l'usage des couleurs. Il sait si bien le faire, de telle manière que quand il finit son œuvre, il y a toute une énergie qui s'en dégage. J'ai voulu le copier parce que je viens d'une région de couleurs. Abomey ou le Bénin en général est un lieu où les couleurs sont fortes, elles frappent et crachent. J'ai eu à réaliser une pièce que j'ai appelée *Minuit,* que j'appelle parfois *Le jour.* Ne pensez pas que ce sont forcément des fonds noirs ; des fois ce sont des fonds blancs.

En copiant Basquiat, je fais l'éloge des valeurs de chez moi. Un jour, un journaliste disait que Zinkpè est en train de finir l'œuvre de Basquiat. J'en étais ému et je pense que c'est l'un des plus grands éloges qui m'aient été faits. Basquiat est un artiste qui m'a beaucoup influencé ; et lorsque je constaterai qu'il y a des œuvres qu'il n'a pas encore réalisées, je les réaliserai un beau jour. Toujours est-il que j'ai ma signature, et il reviendra aux critiques d'art d'en juger.

En ce qui concerne **Francis Bacon**, il est un artiste que j'adore. Mais il est totalement mon opposé. C'est un artiste qui n'a fait que la peinture durant toute sa vie. C'est mon contraire, je ne pourrai jamais faire uniquement la peinture toute ma vie. Je dois aller à la peinture, à la sculpture et au dessin quand il le faut. Ce qui est important pour moi, c'est quand j'ai une pensée à exprimer que je choisis le médium qui correspond. Puisque je suis artiste peintre, je pense que Bacon, c'est cet artiste qui m'a révélé l'insaisissable. Quand on regarde le travail de Bacon, on a l'impression que les toiles bougent, des toiles qui sont instables. L'image chez cet artiste est toujours instable, on dirait qu'on peut l'attraper avec la main.

Quelles sont vos autres influences que je n'ai pas demandées ?

Excepté celles que j'ai précisées, il y a des artistes européens, mais qui m'ont influencé uniquement au niveau de la peinture. J'expliquais que ce qui me plaisait et qui me plaît toujours dans les travaux de Basquiat, c'est son énergie, pas forcément les œuvres en elles-mêmes. Mais à l'époque où Basquiat a peint de cette manière, peu d'artistes ont cette audace-là, parce qu'il y avait néanmoins une écriture plastique au niveau de la peinture qui existait aux États-Unis, notamment à New York, que des gens respectaient parce qu'ils sont dans les grands musées. Mais lui, comme il est issu un peu de la rue, en faisant des graffitis, il a su s'imposer en travaillant d'une autre manière que personne ne pouvait imaginer que ça pourrait être vue comme une pièce d'art à part entière et, après, être respectée par une galerie, et de galerie à un musée. C'est une audace.

Je me dis que c'est quand même étonnant qu'un artiste ait cette force de peindre ; malgré toutes les critiques qu'il puisse y avoir, il s'est imposé. Bien sûr, sa vie a été vite arrangée, puisque très tôt il a étonné tellement de monde. Donc moi des fois, comme je suis un Béninois qui vit en Afrique de l'Ouest, je n'ai pas peur de peindre ; et quand j'ai des doutes, je prends l'énergie de Basquiat, même si mes travaux que je faisais à l'époque - il y a 15 ans - n'étaient pas acceptés de tous, par exemple, par le public béninois. C'était à peu près : les gens voient, les gens disent « c'est torturé, on ne peut pas mettre ça chez soi ; c'est bien, mais on ne peut pas mettre ça dans notre salon ». Néanmoins, cela ne m'a pas empêché de continuer à peindre, puisque, ça, j'avoue, je le tiens de Basquiat. Si lui il a le courage de le faire, pourquoi ne le ferais-je pas !

Maintenant, quand on cite les peintres, il y en a aussi de très bons en Afrique ici, notamment au Bénin. Nous aurons connu les Lalèyè[30], les Aniambos-

____

30 Léonard Olaniran Lalèyè, né en 1924, a commencé la peinture

sou[31] qui ont peint également. Leurs peintures étaient respectées, on dira que c'est un peu classique, parce que les travaux réalisés ne venaient pas de l'abstrait, même si certains le faisaient. Mais c'est un peu décrire notre beau pays, le village lacustre de Ganvié, des histoires sociales comme la femme qui va au marigot ou l'homme qui est au champ, comme beaucoup d'artistes l'ont fait dans leurs pays. On l'appelle 'la peinture paysanne'. Certains disent 'la peinture de carte postale'. Mais à très simple étude, n'importe qui peut imaginer à quoi pourrait ressembler le Bénin, même s'il n'y a jamais mis pied, parce que la photographie n'était pas encore très présente. Quant à moi, j'ai pris une autre direction.

Quand je prends le travail de Bacon par exemple - je l'aime tellement puisque j'ai fait mes recherches personnelles et je l'ai trouvé comme mon maître -, il a su donner des mouvements à ses personnages, dans ses idées ou même dans le cadre. C'est ça qui m'a questionné, moi, au même moment que je faisais une recherche parallèle pour dire ou essayer de capter l'âme. C'est de là que l'acrobatie devient difficile. Avec un appareil photo ou un peintre portraitiste, on peut réussir à figer une personne, à interpréter son corps par exemple ; mais si on commence par

---

en 1947. Remarquable portraitiste, il a refusé beaucoup d'opportunités de faire de son art un business.

31 Armand Pascal Aniambossou, né en 1936, est l'un des premiers artistes peintres professionnels du Bénin et de l'Afrique. Il est l'auteur d'une œuvre majeure avec des milliers de tableaux et de dessins répandus à travers le monde. Beaucoup de livres et publications situent son œuvre picturale parmi les plus accomplies.

se hasarder à dire « je ne maintiens pas et je veux aller au-delà du corps charnel d'un homme, je veux peindre à quoi son âme peut ressembler », cela amène à une invention, une acrobatie un peu difficile que l'appareil photo ne pourrait pas saisir non plus ni une peinture, alors que Bacon me donne une certaine réponse. On sent, dans les personnages qu'il émet, une force, une vitalité dans l'œuvre qui est facile à saisir, c'est à peu près cela.

Au Bénin, vous avez parlé de Léonard Lalèyè et de Pascal Aniambossou. C'est vrai qu'eux, leur travail n'est pas abstrait. Vous l'avez dit tantôt, c'est un peu du décoratif. Est-ce qu'au-delà de Lalèyè et Aniambossou, vous avez eu des maîtres au Bénin, des gens dont le travail vous a vraiment touché ?

Leurs travaux m'ont vraiment touché. C'est comme avoir plusieurs livres à disposition, et qu'on est heureux d'en découvrir les premiers. Et plus on en découvre, plus on remarque qu'il y en a encore d'autres. C'est donc pour ça que c'est gênant de le dire, sinon on va croire que quand je parle ainsi, c'est comme s'il n'y a pas de maîtres peintres au Bénin. Non ! Il y en a beaucoup, comme je viens de le préciser ; mais seulement ça dépend de ma direction de recherche, de mes travaux à moi particulièrement. L'art aussi est considéré comme une recherche, parce que si on ne doit faire que décorer des coins de salon, ça ne marche pas ; et donc moi c'est ma démarche qui m'a presque contraint à parler ainsi.

Je peux citer par exemple Koffi Gaou[32] ; mais nous sommes presque opposés dans la création. Pourtant, quand je prends ses premières productions, ça m'a quand même inspiré, parce qu'il fait des tentures appliquées de la cour royale d'Abomey. Il l'applique aussi aux tissus à sa manière, ça m'a sidéré parce que je ne peux pas faire comme lui. C'est là où il m'a influencé. Mais moi je fais ça avec des perles par exemple, pour nuancer ; mais très tôt je m'en suis lassé aussi parce que je me suis retrouvé à faire des œuvres purement décoratives, même si ça plaisait beaucoup et que ça se vendait très bien.

C'est une manière de dire que l'art pourrait être décoratif si on le souhaite, cela pourrait être enseigné si on le veut. Ça pourrait être aussi des questions d'histoires politiques ou sociales si on le souhaite ; mais le registre de recherche me plaît beaucoup plus. Pour résumer, par exemple, il y a des gens qui me demandent : « mais dans toute ta carrière, laquelle de tes œuvres tu estimes la meilleure, que tu adores avoir créée ? ». Et là, je me retrouve à ne pas trouver de réponse ; et pourtant si on doit faire la bagarre, même si on le pense intérieurement, on ne pourra jamais le dire. C'est comme demander à un père de famille de 15 ou 4 enfants, lequel enfant il préfère. Il ne pourra pas le dire. Quand on pose cette question à un bon artiste, que doit-il répondre ? C'est de dire tout simplement « la plus belle œuvre est celle que je n'ai pas encore créée ». Et c'est pourquoi il

---

32 Koffi Gaou, artiste polyvalent, né en 1947, est comédien, dramaturge, cinéaste, plasticien, tapissier, sculpteur.

continue de travailler tous les jours et continue ses recherches.

Pour parler d'art plastique au Bénin, des noms tels Cyprien Tokoudagba, Pascal Aniambossou, Ludovic Fadaïro[33], reviennent comme faisant partie des précurseurs. Pourriez-vous m'aider à retracer l'histoire de l'art plastique béninois ?

Pour ma petite connaissance (c'est vrai, j'ai à peine 50 ans, mais je me suis fait remarquer il y a déjà 20 ans), je connais deux générations, la génération d'Aniambossou, et celle de Tokoudagba. Pour simplifier, commençons par Tokoudagba. C'est l'un de nos meilleurs artistes. Mais il utilise l'art comme une mission. Pour ce que je connais de lui, il est adepte de Vodoun. Et quand on l'est, tout au moins, c'est trois mois pour l'apprentissage et l'enseignement, parce que c'est comme une école ; et en cette période, l'adepte est mis en observation pour détecter ses talents. S'il présente des atouts d'un bon orateur, ou danseur, ou dessinateur, il finira par l'être. Parlant de son art, Tokoudagba, pendant son cursus, on lui a confié une mission. Les gens ont compris qu'il existe beaucoup de couvents à Abomey, à Porto-Novo. Comme il est d'Abomey, sa mission est d'annoncer les formes des dieux comme l'on voit dans les couvents et temples. Dans les couvents, nous avons

---

33 Ludovic Fadaïro, né en 1947, compte parmi les tout premiers peintres du continent à avoir tourné le dos aux techniques conventionnelles apprises dans les écoles d'art. Il a très tôt fait le constat de son appartenance à une terre, l'Afrique, cette gardienne des richesses culturelles du monde.

des dieux comme Dan, *Tohossou*, *Héviosso* et beaucoup d'autres ; mais les non-initiés ne peuvent pas comprendre et savoir lequel dieu est là. Donc la mission de Tokoudagba était d'annoncer les dieux par les dessins, les couleurs, la peinture. Lui, il a commencé par imaginer des formes divines (des dieux) : tel dieu pourrait ressembler à ça. C'est de cette manière qu'il a commencé à peindre sur les murs.

Très tôt, il a rencontré l'Europe et est sollicité pour des expositions. De la peinture sur les murs, il est passé à la peinture sur les toiles. Parfois, ses œuvres sont des œuvres abstraites avec des ronds, mais les initiés connaissent ces ronds-là, les initiés savent et comprennent parce que le dieu *Dan* a sa couleur, ainsi que *Tohossou* et les autres dieux. C'est l'un des précurseurs, il est un gardien du temple avec son art. Il a su assumer sa mission. Mais ce qu'il n'a pas accepté, et je lui trouve raison (on dit que le peintre ne doit pas se répéter, un sculpteur ne doit pas se répéter), il a dit non à cette théorie. Il a dit qu'il va toujours reprendre les mêmes formes, qu'il ne modifiera aucune forme pour faire plaisir aux Européens. Le dieu *Tohossou* a une forme, et c'est unique. Tokoudagba a été fidèle à lui-même et a été un résistant face aux théories des Européens.

Pour parler d'autres précurseurs, Fadaïro est un artiste contemporain, il a touché la sculpture. Ce qui vaut l'honneur de Fadaïro est qu'il est resté collé à ses racines, il ne les a pas oubliées. Il a questionné d'abord le Fa. Son travail est semi-abstrait, semi-figuratif ; mais plus abstrait que figuratif, pourtant il est un dessinateur et il en a fait beaucoup quand il était jeune. Mais au-delà de ses quarante ans, il est resté abstrait, et il sait qu'à travers ses œuvres, on doit reconnaître les signes du Fa.

Pour citer deux noms qu'il a influencés directement, je citerai Nicaise Tchiakpè dit Tchif et Basile Moussougan alias Bamouss. Après son parcours international, il est reçu à la Place des Martyrs où il a montré pour la première fois ses travaux, en présence de beaucoup d'artistes. Ces artistes ont été émerveillés par ses travaux. Des fois, dans ses toiles on voit des tissus où sont attachés des nœuds. Il exprime qui nous sommes et comment nous pouvons nous vendre à travers nos réalités. C'est pour dire qu'on peut partir des réalités de chez nous pour faire des merveilles à travers l'art.

Avez-vous l'impression qu'il y a des artistes qui ont été influencés par le travail de Fadaïro mais qui ne le reconnaissent pas ouvertement ?

Non. Mais au contraire, le dire ouvertement, c'est une gloire. Cela ne diminue en rien celui qui reconnaît être influencé par les travaux des aînés. Au contraire, cela réhausse.

Un mot sur Dominique Kouas[34]?

Il est très proche des anciens, il a fait de la sculpture, de la peinture et n'hésite pas à mélanger les

---

34 Né en 1952, le peintre et sculpteur, Dominique Gnonnou dit Kouas est un inclassable touche-à-tout. Loin d'être dispersion, sa quête, fortement imprégnée de la religion vaudou, a pour fil conducteur les arts premiers qu'il place au-dessus de tout.

masques à travers ses œuvres. C'est un artiste béninois qui tient à garder une écriture d'identité africaine. C'est l'un des premiers artistes qui ont réussi à mettre du cauris dans leurs œuvres, c'est des cauris bien mis. Il y a des artistes qui, en parlant du Vodoun par exemple, se contentent de mettre seulement deux cauris. Mais cela ne veut rien dire. Quand Dominique veut le faire, il le met bien et le réussit si bien.

On reste un peu dans le même registre. Parmi vos compatriotes, il y en a dont le travail a des échos au plan international. Ils sont nombreux, on ne pourra pas tous les évoquer ici. Que pensez-vous de leur travail et de leur parcours ?

On va commencer par Romuald Hazoumè.

Romuald Hazoumè, c'est un précurseur. Il a saisi une idée, non pas par hasard, mais par chance, qu'il a su bien développer. Il est très organisé et très discipliné. Pas d'alcool, il sait ce qu'il veut, très exigeant de lui-même et il travaille. C'est un professionnel. Il s'inspire de son patrimoine. L'essence frelatée dite essence « kpayo » vient du Nigéria via Porto-Novo. Donc il s'inspire de ce qui se passe autour de lui, sans tricher. Très simples, ses travaux sont faits avec de la bouse de vache et de la terre, et ça marche. Romuald s'est permis aussi d'étudier profondément la géomancie. Concrètement, c'est l'un des artistes ayant compris sa force de création et la valeur de ce qu'il peut prendre (de ce que j'appelle son puits à pétrole) parce qu'il puise dans son patrimoine. Il est un intellectuel (il doit cet avantage à sa famille).

Le côté que je respecte le plus, c'est la gestion de sa carrière, il prend son art très au sérieux, il ne recopie pas. Et il est aussi prêt à donner, même s'il ne donne pas beaucoup aux jeunes, ça n'engage que lui. Je crois que c'est un artiste qui a amené la barre de l'art assez haut au Bénin. Quelqu'un qui vend ses œuvres à partir de 25.000 francs Cfa malgré le parcours qu'on lui connaît… Or des jeunes qui n'ont pas encore un parcours aussi élogieux vendent même leurs œuvres à partir de 350.000 francs, voire un million. C'est un bel exemple de gestion de carrière.

Moi, je pille chez tout le monde ; et l'idée que je pille chez Romuald, c'est l'organisation. C'est un monsieur qui présente plusieurs qualités. Quand tu as rendez-vous par exemple avec lui, il n'est jamais en retard. Moi, par exemple, je n'ai pas toutes ces qualités-là. Je pense que les jeunes qui veulent évoluer, réussir doivent suivre son exemple.

Charly d'Almeida

Charly d'Almeida, c'est ma génération. Sur le plan de la notoriété, c'est un artiste qui se bat et qui s'en sort peu à peu. J'ai un certain respect pour lui. À une époque, l'art de récupération est devenu une nécessité. Il y a un moment où nous avions cherché des excuses. On avait dit qu'il n'y a pas de l'argent, mais qu'il fallait créer ; et on créait n'importe quoi, de la peau belle, etc. Après, beaucoup d'artistes qui n'avaient pas des convictions ont, avec le temps, abandonné. Par contre, Charly d'Almeida a continué, il a persévéré par la récupération. Il a développé ce qu'il fait et l'a réussi. On en a utilisé pour faire des expositions. Dans le même temps, il n'a pas délaissé la peinture. Il fait une peinture qui plaît beaucoup aux Béninois, parce que ça sert à décorer. Son travail fort, c'est la sculpture ; pourtant c'est un bon peintre. Mais malheureusement, ses sculptures sont uniques et ses peintures pas uniques. C'est deux aspects différents.

On va parler de Tchif.

Tchif, c'est le gros bandit. (Sourire…) C'est un artiste qui a capté une certaine énergie, mais il reste artiste. Je vais essayer de le nuancer de Charly. Celui-ci est artiste, mais il calcule trop, il fait de l'art un business. C'est vrai, il n'y a pas d'artiste sans un grain de folie quelque part. Il doit avoir quelque chose de « hors-vision ». C'est pourquoi, peut-être, il fume, il boit, etc. Parlant de Tchif, il me dit que l'artiste doit rester isolé, ne doit pas se marier, il doit être seul pour se concentrer. Moi je dis que je ferai de l'art autant que possible, mais je dois penser à ma famille. Moi je me connais, lui aussi, il se connaît. Mais je lui dis : « si tu as besoin d'inspiration, enferme-toi dans ta chambre, dans ton atelier, personne ne va te gêner ».

Bref, Tchif est un artiste et demeure artiste, parce qu'il crée et invente de jour en jour, il passe de médium en médium. Il peint, mais il a refusé de sculpter. Il me dit : « Dominique, je ne sais pas comment ça se fait, d'ailleurs je ne prends même pas ce qui est lourd… ». Il se connaît. Quand il peint, c'est toujours accepté, parce qu'il a de bonnes idées. Il ne fait pas que de la peinture, il fait aussi de la photo, Tchif est capable de se mettre en scène, de faire de la performance. Il se renouvelle tout le temps, je ne sais quelle surprise il nous réserve encore dans les dix ans à venir. Il est bon artiste de son temps, parce qu'il écoute la société. Il fait de la peinture pour faire valoir son environnement natal qui est Ouidah. Il a su trouver, comme tout artiste, son écriture, sa signature qui lui marche bien. En résumé, c'est un artiste qui progresse bien.

Laudamus Sègbo

Laudamus Sègbo, c'est aussi un bon artiste. Mais pour être honnête, il est dans plusieurs choses. Sinon, je dirais qu'il est un peu éparpillé. Quand il prend un projet maintenant, il ne finit pas, mais il passe à autre chose. Donc Laudamus, je l'ai suivi pas mal ; mais je ne lui ai pas trouvé une écriture plastique, comme j'en connais pour Tchif. Comme il a aussi du respect pour la culture endogène, il s'en inspire beaucoup. Des fois, il fait de l'art contemporain, après c'est de l'assemblage. Donc j'attends que Laudamus nous montre son écriture plastique pour que dès que l'on voit ses œuvres, on sache que c'est de lui. Il fait de très belles œuvres ou pièces. Vu son potentiel, tout ce qu'il touche brille, mais c'est un artiste qui n'a pas encore réussi sa carrière, parce qu'après tout on demande : « Tu es où ? ».

On vient de parler spécifiquement du Bénin. En Afrique de façon générale, y a-t-il d'autres noms dont vous connaissez le travail ?

Je commence par le Sénégalais Ousmane Sow

C'est l'un de nos grands artistes africains. De par sa formation de kinésithérapeute qu'il a su allier avec l'art d'une façon assez fabuleuse, il a su développer une technique assez particulière. C'est lui qui a trouvé sa source, pourtant il a vécu en Europe ; mais il a su développer une méthode propre à lui. Il sait comment créer un corps ; même la matière qu'il utilise, il l'a inventée lui-même. Mais de plus, de tous les sujets qu'il a traités, il n'est pas allé chercher ailleurs. Il a traité des formes qui n'ont rien à voir avec les formes des Gaulois, Asiatiques, etc. Ces artistes, pour moi, sont des artistes qui travaillent avec le temps, ils ont marqué leur temps, témoigné de leur vivant de ce que c'est que leur race, notamment la race noire.

Le Nigérian Yinka Shonibare

Lui aussi, c'est l'un des grands. Vivant à Londres, il a réussi à détourner le regard des Blancs en étant Africain, et à s'imposer. Il a même réussi à détourner l'histoire des Blancs contre les Blancs. Il a mis en scène des Blancs et s'est mis en scène également. Dans son travail, il y a des scènes où on décrit la haute bourgeoisie de Londres, comment ils vivent, quelle est la place des Noirs, il a traité de tout cela. Il a pensé aux tissus Wax, il a habillé les gens pour faire des métaphores. Grâce à lui, l'Afrique est connue, la race noire est célébrée. Même des gens qui n'aimaient pas la race noire ont commencé par l'aimer. À travers ses idées, en ridiculisant, il fait passer quand même son message. C'est l'un des plus grands artistes. Aujourd'hui, on ne peut citer les plus grands artistes d'origine africaine et l'oublier.

Le Congolais Chéri Samba

Il fait de la peinture populaire en s'imposant, et c'est formidable ! Quand il peint, c'est accepté. Je dirai qu'il est bien droit dans ses bottes.

On va finir sur la Sud-Africaine Marlène Dumas

C'est encore une des grandes. Elle vit en Hollande. Là, on parle des artistes de la diaspora. Marlène en Hollande, elle n'est pas loin de Picasso. J'ai eu la chance de la rencontrer ; et malgré le fait qu'elle soit une grande star, elle est très humaine avec du cœur. À cause de mes dessins et ma jeunesse, elle m'adore.

Y a-t-il un artiste au plus haut sommet de son art dont le travail vous a influencé et qu'on n'a pas évoqué ?

Il y a un artiste d'origine ghanéenne. El Anatsui. Il est dans la même veine que cet artiste qui vit à Londres dont on vient d'évoquer le nom, Yinka. C'est un artiste qui voit ce que les autres artistes ne voient pas. Or c'est quelque chose que tout le monde voit, mais ne considère pas. Et je peux dire que c'est à cause de lui que moi je me suis intéressé aux statuettes de jumeaux *Ibédji* que je maîtrise bien. Comme lui, il est ghanéen, il s'inspire de ses réalités du Ghana. Il fait des pagnes drapés et il s'est imposé. Aujourd'hui, c'est l'un des artistes incontournables.

Il fait notre fierté parce que sur le marché de l'art, ses œuvres sont même souvent vendues à plus de 500 millions de francs CFA ; et c'est en demande tous les jours. C'est un artiste qui a réussi à s'imposer avec une écriture plastique et qui, sur le marché de l'art, s'est fait une place.

L'un des aspects ayant fait de vous un artiste de renom à l'échelle nationale et internationale sur les festivals, c'est l'installation. On ne va pas tout citer, mais on peut penser à « Malgré tout », « Partage de territoire » et bien d'autres. Chercheriez-vous à passer un message particulier à travers ces installations ? Que revêtent ces installations ? Un message d'engagement ?

Ces installations s'imposent à moi et il y a plusieurs médiums. Mais il y a des sujets où je dis : « Je veux passer plus vite le message ». C'est des œuvres qui passent des messages. On ne peut pas être si égoïste dans ce monde et de surcroît être artiste et rester indifférent aux problèmes de la société, quel que soit le domaine (la politique, la religion, l'économie, etc.). L'artiste doit donc inter-réagir. Alors, des fois, on pourrait croire, comme c'est le cas, qu'il s'agit d'une forme d'engagement. Il y a des gens qui ne sont pas artistes et qui parfois discutent d'un sujet pendant longtemps. L'engagement n'est donc pas une exclusivité aux artistes. Néanmoins, l'art permet d'avoir une audience ; et comme l'artiste a cet avantage, il doit réussir à se faire une audience à travers ses idées. Donc moi j'aime aussi prendre par l'audience qu'offre le public pour passer mes messages. C'est aussi un besoin de se rendre utile dans la société. Des fois, le message est porté ou même parfois refoulé. C'est ce que je peux dire. Par exemple, la dernière fois on suivait la télévision où pour la première fois, j'entends le pape demander pardon pour des crimes commis, disons qu'il y a des siècles. Moi cela fait 13 ans que j'en ai parlé à Berlin, avec une exposition intitulée « Le pape et le sexe ». J'émets mes idées. Suite à cela, on m'appelle un jour depuis mon village pour me dire de faire attention, au risque d'être excommunié ! (Rire…). C'est le rôle d'un artiste de dénoncer pour corriger. Mais il faut le souligner, nous sommes dans un pays démocratique, et c'est rare que des œuvres soient censurées au Bénin. Ça aurait été en Tunisie par exemple que je serais déjà dégagé, suivi d'exil (rire).

Lorsqu'on prend l'installation « Malgré tout », vous offrez une caricature de l'Afrique sous plusieurs perfusions à la fois. C'est quand même chargé comme image !

C'est une œuvre qui a été pensée et réalisée en l'an 2000. J'ai remarqué, depuis que moi j'ai grandi, une Afrique dépendante d'aides. Et chaque perfuseur que j'ai mis correspond aux dons et aux donateurs qui apportent des soutiens à l'Afrique : PAM, PNUD, etc. Pour moi, malgré tous ces soutiens, je ne vois pas l'Afrique se lever. Alors, c'est une œuvre autocritique pour se demander : est-ce que le malade ne se sent pas mieux dans ce lit où on le soigne ? Est-ce qu'il a envie de se lever vraiment ? Donc en creusant, on a découvert beaucoup de choses. Ça s'apparente simplement à un business entre l'Afrique et le Nord. C'est-à-dire que l'Afrique aime bien se faire passer pour pauvre pour qu'on lui apporte du soutien ; et ceux qui apportent ce soutien aussi, ce n'est pas à fonds perdu. Si on prend l'exemple des préservatifs qu'on distribue dans la lutte contre le Sida, la distribution, à elle seule, ça coûte des millions…

Donc c'est une œuvre qui nous critique nous-mêmes Africains, mais aussi ceux qui donnent, pour dire : mais au bout du rouleau, ça ne sert pas à grand-chose, c'est une forme de comédie qui arrange les deux parties. Cette pièce est encore d'actualité, il y a juste que les noms changent. C'est-à-dire qu'il y a désormais la Chine, entre autres, qui s'ajoute aux pays qui investissent en Afrique.

Vous avez certainement des frustrations et des rêves quand vous voyez cette Afrique vôtre dans son état actuel.

Oui. Ce qui est triste justement, ça date de l'an 2000, cette pièce. Et ce qui me gêne, moi qui ai abordé un pareil sujet, est qu'après pratiquement 20 ans, rien n'a changé.

Que pensez-vous du panafricanisme ?

C'est un rêve que beaucoup de chefs d'État ont eu, tout comme beaucoup de civils aussi. D'ailleurs, ce rêve-là, ce n'est pas qu'un rêve. C'est une réalité profonde. Le panafricanisme, ce n'est pas quelque chose de spécial, c'est juste revendiquer d'où l'on vient et le défendre tout simplement. Donc ça s'impose à nous. Je le prône, mais malheureusement il y a beaucoup de hautes trahisons. On dit rapidement qu'on est panafricaniste et une fois qu'on a le pouvoir, on devient autre chose. Or, quand on défend une cause, on la défend jusqu'au bout. C'est assez décourageant, parce que même une petite monnaie, on ne réussit pas à la mettre en commun ; alors qu'on a réussi à créer la CEDEAO. J'estime que ceux qui prennent les grandes décisions sont assez intelligents et ont fait de grandes études ; mais malheureusement, il n'y a pas de grands changements.

On nous dit « il faut attendre » ; mais mon rêve c'est qu'il ne faut pas passer son temps à attendre et voir sa génération passer. Et malheureusement, quand on est plasticien et qu'on commence par poser ces questions, on nous dit souvent « ce n'est pas ton territoire, qu'est-ce que tu en sais ? Ferme ta gueule ». Bien sûr, on peut fermer notre gueule ; mais on ne le fera pas. En tout cas, moi je ne pourrai pas ! Sinon je serai relégué au rang de simple décorateur de maison, comme on le dit souvent. Mais ce n'est pas mon job. C'est-à-dire que si on n'est pas un égoïste pointu, on ne peut pas ne pas se préoccuper qu'il n'y ait que de l'eau dans l'assiette des gens de la maison d'à côté. C'est pareil quand on est plasticien. Donc chez moi, c'est beaucoup de frustrations dans la plupart de mes créations.

On n'a pas une grande voix en termes de décisions, mais tout au moins on a ce pouvoir-là de communication. Alors, quand j'ai une occasion de pouvoir aller montrer mon travail, c'est une occasion pour me faire la part belle, en parlant des réalités de l'Afrique. C'est comme mes anciennes pièces sur l'immigration, ça date aussi de longtemps ! 10 ans, 15 ans passés ; mais malheureusement, aujourd'hui encore on en parle. Donc des fois même, l'artiste peut être découragé, à force de répéter sans remarquer un réel changement. On voit des sieurs en costume qui viennent voir notre travail et disent : « c'est beau » et nous encouragent, mais rien. C'est comme si nous sommes des guignols.

Parlant de prise de position en tant que plasticien, il y a eu un incident au Togo alors que vous faisiez votre travail d'artiste performeur. Vous avez frôlé le pire avec le président Gnassingbé Éyadema. Avez-vous envie de raconter cette aventure ?

Oui, bien sûr ! J'ai trouvé triste que dans un État où il y a des citoyens, la presse supposée être libre ne soit pas libre du tout, et qu'à la limite les artistes ne peuvent même pas avoir une tribune pour parler. C'est encore plus triste. C'était donc une aubaine pour moi de me questionner. Pour ne pas juste aller réaliser une pièce là-bas encore une fois pour plaire aux Togolais, j'ai voulu plutôt toucher le fond de ce qui les dérange, qu'ils disent tout bas et que je pourrais, moi, à l'occasion, dire haut. Alors, l'installation, c'était plutôt une performance que j'avais réalisée, qui consistait à prendre les faits et gestes qui existaient au

Togo bien avant que je n'arrive – ça fait partie aussi du rôle de l'artiste de se questionner, de savoir l'actualité, d'écouter la radio, de regarder la télé, etc.

Et j'ai appris à l'époque que quand Éyadema sortait, on annonçait à la population son programme et son itinéraire. Ce qui permet à cette population de sortir de la maison et d'applaudir pendant que le président passe. Et pour ça, il y a de petits espions dans tous les quartiers et les concessions pour surveiller si les gens s'appliquent ou pas. Ceux qui ne sortent donc pas pour applaudir sont repérés comme des opposants, et cela peut aller jusqu'à ce qu'on les dépossède et qu'ils aillent en exil. D'ailleurs, à l'époque, il y avait beaucoup de maisons vides réquisitionnées par l'État, qui sont occupées par des militaires. Je dis que c'est aberrant ! Alors, j'ai voulu marquer ce peuple togolais. Je suis tombé sur un engin propre à la société asiatique qui ressemble à un tracteur où deux personnes peuvent s'asseoir derrière et celui qui le pousse est un homme. C'est quelque chose de très culturel, développé en Asie, au niveau du tourisme. C'est un Allemand qui l'a fait venir comme un bijou dans son jardin. Je lui ai demandé si je pouvais l'utiliser et il m'a donné son aval ; mais en contrepartie – et c'est là que j'ai compris que le projet devenait de plus en plus sérieux –, il m'a demandé de signer un papier comme quoi si je faisais le projet, ça n'engagerait que moi. Je réponds : « Mais c'est vous qui m'avez invité ! Pourquoi vous ne pouvez pas me protéger ? » Il dit : « Non, ceci rentre dans la politique de l'État dans lequel nous sommes ; et nous sommes apolitiques, donc nous ne pouvons pas intervenir dans la politique de l'État, ce qui est une matière de votre projet ». Ils étaient en partenariat avec l'Institut français de Lomé qui s'appelait à l'époque Centre culturel français de Lomé. Ces derniers m'ont fait faire la même chose. J'ai accepté.

J'ai pris soin, deux jours avant la performance, de faire des tracts comme ils le font, mais en utilisant le logo du parti du président, en y inscrivant que le président va sortir pour prendre de telle rue à telle autre, de telle heure à telle autre, de bien vouloir sortir pour l'acclamer. Les gens ont pris cela au sérieux réellement. J'ai recruté un Togolais qui avait la carrure du chef de l'État, j'ai réussi à lui trouver le costume adapté, je me suis habillé en Asiatique avec un cache-sexe et me suis mis du kaolin au visage, et j'ai commencé le parcours. Ça a duré environ 3 heures. C'était âpre et dur, parce que j'étais pieds nus et je traînais ce monsieur qui est derrière et qui a juste une radio captée RFI tout le long du trajet. Je me suis quand même débrouillé pour tenir. Il y avait la presse étrangère qui a aussi reçu l'information que le président devait sortir. Depuis l'hôtel où je suis sorti, il y avait de plus en plus du monde qui m'entourait. On m'acclamait. Certaines personnes futées disaient : « Non, le président ne sort jamais en charrette, souvent c'est avec des voitures noires ». Des gens ont commencé, comme au théâtre, à jouer le jeu : « Ah, monsieur le président, nous avons besoin de ci, de ça. ». La performance a déclenché l'attention de la foule. J'ai fait une pause dans la cour de l'Institut français comme prévu, pour m'abreuver, j'avais soif. Après, le parcours a continué jusqu'à l'Institut Goethe.

Mais pour m'y préparer, j'avais informé un ami togolais qui a loué un véhicule du Bénin, qui m'attendait derrière la clôture de l'Institut. Le Togolais qui m'a aidé à la performance, je l'avais déjà payé et il savait qu'il devait se casser aussitôt arrivé à l'Institut Goethe. On est arrivés à destination et il fallait parler à la presse. J'ai parlé un peu de la performance, j'ai tout dit en peu de mots, nu comme ça dans mon costume de cache-sexe. Après, à un moment donné, des messieurs en civil sont venus vers moi me dire : « Monsieur, il faut qu'on discute un peu ». J'ai répondu : « Il n'y a pas de problème, mais laissez-moi juste me changer, parce que je ne peux pas vous parler ainsi. Ils insistent : « Non, non, ça ne va pas prendre du temps », et je riposte : « Non, les toilettes sont juste là ». Alors, je suis rentré dans les toilettes, les gars sur la porte. Heureusement, la fenêtre des toilettes donnait sur la clôture. J'ai porté mon habit, j'ai fait la clôture et sauté dans la voiture qui m'attendait. Direction Cotonou ! Parce que je savais qu'ils allaient me cueillir. Ils allaient me cueillir non seulement parce que j'ai utilisé le logo de leur parti pour les tracts, mais aussi parce que j'ai simulé le président.

Normalement, une vraie performance ne devrait pas finir comme ça, vous devrez l'assumer jusqu'au bout. Mais j'ai lu un livre de l'écrivain nigérian Wole

Soyinka où plein d'amis étaient allés au front à une époque où, après la guerre de Biafra, plus rien n'allait. Alors, pendant les marches et grèves, certains ont été tués, et lui il dit : « Je ne marche pas » et on lui a dit qu'il était un dégonflé et il a accepté. Mais il a dit : « Moi je vais continuer la lutte jusqu'au bout. La force de la plume est plus forte que la force du corps. Si on vous tue pendant votre lutte, vous ne pouvez pas témoigner ni rien dire après ».

Il regrette, il est triste pour ses amis et l'a dit dans un livre ; mais il est fier de servir à quelque chose. C'est là que j'ai compris que la guerre peut se faire autrement, il faut être intelligent. J'aurais pu aller en prison à l'époque ! J'aurais eu une certaine célébrité, bien sûr ! Ça va augmenter un peu ma cote, mais cela ne sert à rien. Ce qui peut servir, c'est que j'en parle aujourd'hui ; et je suis capable d'en faire d'autres plus corsées encore, mais si on m'avait éliminé entre-temps, je ne serais pas là aujourd'hui. Donc j'ai été dégonflé pour ne pas aller en prison ; mais je suis gonflé pour récidiver.

Aujourd'hui, le débat sur le franc CFA est en vogue. Activistes et chefs d'État africains (enfin, quelques-uns) pensent qu'il faut aller vers une monnaie commune à l'Afrique et larguer le franc CFA. Quel est votre avis ?

Moi mon avis, c'est que ce qui est logique, c'est d'avoir une monnaie commune pour toute l'Afrique. Je sais que c'est difficile, puisqu'il y a des franco-phones, des anglophones, des lusophones et autres.

Mais là où je ne comprends pas les Africains, des États ont essayé et ont réussi ! Dont l'euro comme résultat ! Ceux qui nous découragent de le faire, ils l'ont fait eux-mêmes. Il y avait le deutsche mark[35], il y avait la livre sterling[36], il y avait le franc français ; mais pourquoi ils ont réussi à faire l'euro ? Parce que dans l'union on est toujours très forts ! Aujourd'hui, les Européens ont leur puissance, mais c'est surtout grâce à l'euro ! Mais pourquoi les Africains ne réussissent-ils pas à avoir la monnaie de l'Afrique ? On n'est même pas capables de le faire, car dans ce domaine nous ne réussissons pas. Même pour circuler d'un pays africain à un autre, on nous fatigue encore au niveau des frontières, malgré l'existence de la CEDEAO. Or si vous êtes en Belgique, vous pouvez circuler jusqu'en France et ailleurs sans qu'on ne vous arrête, tant que vous êtes européen ou que vous avez le visa Schengen. Avec un seul visa, vous faites tous les États. Alors que nous, pour aller au Kenya, il nous faut un visa, pour aller en Afrique du Sud, il en faut un, etc. Au niveau du commerce, on est essoufflés, alors qu'on n'est même pas riches.

La chance est là, la volonté est là ; mais je sais que les Européens n'ont aucune raison de nous y

---

35 Le deutsche mark signifiant littéralement en allemand 'mark allemand', code iso 4217(DEM), deutsche mark fut d'abord la monnaie officielle de l'Allemagne de l'Ouest dès juin 1948 (succédant au reichsmark), puis de l'Allemagne réunifiée à partir du 1er juillet 1990 jusqu'au 31 décembre 2001, avant son remplacement par l'euro.
36 La livre sterling (en anglais : pound sterling), est l'unité monétaire officielle du Royaume-Uni, des dépendances de la Couronne britannique d'outre-mer.

encourager, parce qu'on sera une force si on y arrivait. Les gens n'ont pas envie qu'on soit unis et nos chefs d'État, nos grands universitaires, ne réussissent pas ce défi. Mais on ne peut réussir que par l'union. L'Afrique doit avoir une devise commune. Voyez, même le CFA, il y en a pour le Gabon, le Congo, les pays francophones de l'Afrique de l'Ouest ont leur CFA, et la valeur c'est presque sans différence. C'est ridicule !

Mais il semble que des chefs d'État africains sont acquis à la cause contraire et ne facilitent pas les choses !

Ce sont des guignols. Des marionnettes. Même si on accepte que le CFA est pour nous, où se fabrique-t-il ? Vous n'êtes même pas capables de fabriquer le CFA chez vous. Les Nigérians ont compris, le Naira se fabrique chez eux ; et quand ils veulent flamber le prix, ils le font à leur guise, c'est un business. Donc si on veut avoir un minimum de dignité, que le CFA soit fabriqué dans l'un des pays de l'Afrique.

Nous allons revenir au Bénin, précisément à la politique étatique du secteur culturel. Que pensez-vous du Fonds d'Aide à la Culture (FAC) devenu Fonds des Arts et de la Culture ?

C'est un dossier sur lequel je ne veux pas trop me prononcer. Mais je trouve quand même que c'était une très bonne idée de déroger un fonds pour les artistes. Dans beaucoup de pays, ça existe déjà. Ça permet de soutenir quelques projets. Mais ça demeure encore du saupoudrage, et c'est vrai qu'on ne peut pas satisfaire tout le monde. Néanmoins, je respecte la volonté des anciens gouvernants, notamment le président Boni Yayi, qui a pratiquement doublé la cagnotte. Malheureusement, les artistes aussi, nous l'avons mal utilisée, à travers corruptions, copinages. Et là où c'est triste, c'est que même certains artistes, pendant des protestations, ont dit que ce fonds est énorme et qu'il faut le diminuer. Ils ne sont pas du tout informés. Au moment où nous sommes à 3 milliards ou je ne sais même plus combien, le Sénégal est à 300 milliards comme fonds pour la culture. Oui, ce n'est pas beaucoup, puisque dès que nous mettons dans la sauce des disciplines comme le cinéma, le cinéma à lui tout seul ne peut pas se satisfaire de ces 300 milliards. Ne rigolons pas ! Si on veut faire de l'à-peu-près, c'est autre chose ; mais quand on veut faire les choses, il faut les faire correctement. Ils le savent bien. L'armée coûte combien ? L'éducation coûte combien ? Quand les gens entendent beaucoup de milliards pour la culture, ils pensent que c'est beaucoup d'argent. Oui, c'est beaucoup d'argent ; mais ça ne permet pas de réaliser des projets concrets. Les artistes reçoivent entre 1 et 10 millions maximum par projet. Je ne vais pas décortiquer, ce n'est pas mon job. Mais je sais que souvent les artistes rédigent des projets qui coûtent 30 millions. Mais quand le FAC leur donne 10 millions sur 30 demandés, le projet n'aboutit jamais ! Ils font l'à-peu-près. Ils font des invitations, réalisent le tiers du projet et disent que c'est terminé ! Non, quand on veut le développement, ce n'est pas comme ça. On va jusqu'au bout.

En tout cas, moi je ne suis plus dans ce schéma-là. Pourquoi ? J'ai appris une bonne phrase, mais je ne sais pas qui l'a écrite. Elle dit ceci : « Ne demande pas ce que ton pays peut faire pour toi, demande ce que tu peux faire pour ton pays »[37]. Quand on comprend cela, on n'a plus à aller au ministère de la Culture mille fois sans jamais rien recevoir.

Malheureusement, beaucoup d'artistes y perdent leur temps et n'en ont jamais reçu. Pour me vanter un peu, à partir du moment où j'ai commencé par oublier ce qu'on appelle au Bénin le ministère de la Culture, je suis devenu grand. Puisque j'ai commencé par chercher ailleurs, je tapais à des portes autres que celles du ministère. C'est comme si le Béninois pense que le seul guichet qui existe, c'est celui du ministère de la Culture.

La chance est qu'on est déjà artiste et reconnu comme tel. Nous avons le soleil, nous sommes libres de créer une association, de bouger, etc. Alors, il faut qu'on fouille, il faut qu'on bouge. Moi c'est un peu ce que je fais. J'ai commencé par faire des projets par moi-même, à créer des espaces culturels. J'ai été remarqué, maintenant j'ai des guichets plutôt en Europe. Je prends l'argent du Blanc pour investir ici, et ça va rester au Bénin. Terminé ! Mais dire que si nous sommes cent, on va tous se mettre en rang, si je suis le quatre-vingt dix-neuvième, je ne serai pas content.

---

37 Citation attribuée à John Fitzgerald Kennedy relativement à un discours prononcé le 20 janvier 1961. Mais l'auteur libanais Khalil Gibran l'aurait dite quelques décennies plus tôt, précisément en 1910, au temps de la famine en Liban.

Avec l'actuel gouvernement, celle de la « Rupture » ou encore du « Nouveau départ » conduit par le président Patrice Talon, percevez-vous une politique culturelle sérieuse ?

C'est pris au sérieux à leur manière. Mais ce que je trouve beau dans sa démarche, c'est qu'il veut révolutionner le tourisme et l'art. La vision globale me plaît, parce que nos musées sont en piteux état et presque vides. J'ai appris qu'il veut créer d'autres musées. C'est noble, même si je pense qu'il est indéniable de renforcer ceux qui existent déjà afin de les faire vivre. Mais je pense qu'ils ont de grands rêves ; et si c'est fait réellement, ça va donner du travail aux artistes, ça va donner un peu plus d'élégance à notre pays. Je vois que c'est une vision qui veut de l'amélioration et du prestige, du beau et du plus fort. Je pense que le président a beaucoup voyagé et il veut donner une certaine grandeur à son pays parce que la culture a toujours été reléguée au second plan. Je me dis que pour la défense, on ne peut pas acheter de bonnes armes sans y mettre des milliards, sinon on n'est pas vraiment armé. Ce que je dis n'engage que moi. Les pays qui ont investi dans la culture y ont mis beaucoup de moyens. Il le faut pour le Bénin aussi.

Je pense que cela peut aussi motiver les artistes à travailler. Quand tu es metteur en scène, tu t'occupes de ta mise en scène. Quand tu es plasticien, tu fais tes tableaux, sculptures, peintures et autres. Quand tu es musicien, tu t'occupes de ta musique, etc. Mais croire que sans le gouvernement on ne peut pas créer, c'est un faux problème. Ça fait de mauvais artistes. Et l'autre constat est que la plupart des artistes maintenant sont tous des entrepreneurs culturels. Chacun a son job. On le faisait à l'époque parce qu'il y avait un vide. Aujourd'hui il en existe dont c'est le métier, mais pourquoi chaque artiste veut-il aller au ministère pour prendre des fonds avant de créer ! Le boulanger n'a pas de ministère, mais nous avons le pain au quotidien. Mais alors sommes-nous si différents des autres pour demander du financement avant de commencer par travailler ? C'est ce qui nous régresse. Quand tu es peintre, tu te défoules sur la peinture, les châssis et tu peins. Si tu es fort en peinture, tu seras remarqué, tu seras montré à New York, en France et partout. Là, tu as de l'audience, et l'État même peut te donner de l'argent pour t'accompagner. Commencez par faire et on va vous remarquer. Mais non ! Puisqu'on est Béninois, on a besoin d'argent avant de créer. C'est insulter les autres corps de métiers. Le commerçant ne va pas prendre forcément de l'argent au ministère du Commerce pour commencer par faire son commerce. C'est à partir du moment où ça commence par marcher qu'il peut aller faire un prêt, et où encore ? À la banque.

Je suis un peu intransigeant à ce propos, mais c'est à force de voir certaines choses que je suis ainsi. Cela fait qu'on n'a pas encore une représentativité en matière d'art. Parce que certains n'ont pas encore compris. Mais beaucoup d'entre nous ont compris : les Ousmane Alédji, les Alougbine Dine, et en plus eux ils arrivent à capter les fonds. Ils ont compris avant tout le monde. Quand tu commences à faire, on te prend au sérieux. En matière de centre culturel par exemple, lorsqu'il est rêvé sur papier, est-ce au gouvernement de vous en construire pour que cela porte votre nom ? Pas du tout ! Je voudrais juste dire que c'est ce que vous savez faire qui vous précède.

Biennale « Regard Bénin », plus de suite.

Plus de suite, et c'est bien fait. C'est bien fait parce que nous n'avons pas une politique qui est assez forte. Mais c'est dommage parce que c'était un rêve. Il y a d'abord eu « Boulev'art », et après la vision a grandi. Et ce que les gens n'ont pas compris – j'en ai parlé un peu plus tôt -, les Français nous aiment tellement que les fonds qu'ils nous allouent sont des fonds qui doivent encore retourner chez eux. Néanmoins, on a quand même réussi à lever des fonds assez importants. Avant que le gouvernement béninois ne nous donne de l'argent, on avait déjà des fonds trouvés ailleurs, à un certain montant. C'est aussi pour ça que l'État béninois avait financé le projet. C'est quand on était à 200 millions de fonds mobilisés que l'État béninois a donné 30 millions. J'étais le directeur exécutif de ce projet, donc je sais de quoi je parle.

Moi j'ai exécuté, et après j'ai démissionné. Puis j'ai dit : « Je ne fais plus jamais de Biennale Regard Bénin ». Il y avait beaucoup de personnes qui voulaient la faire. Alors, quand on a fini, je leur ai dit : « Moi je m'éclipse, le chemin est libre, faites maintenant ! ».

Mais il y avait quand même la possibilité de se mettre ensemble et de poursuivre ce beau projet qu'est la Biennale Regard Bénin. On en serait à l'organisation de la quatrième édition maintenant.

Absolument ! Mais pour démontrer qu'on pouvait le faire ensemble, c'était dès la première édition, quand le projet est né. On a quand même réussi à travailler avec dix associations qui existaient déjà à l'époque. Aussi, répéter quelque chose juste pour répéter, pour moi, ça n'a pas de sens. Heureusement, d'autres personnes ont initié d'autres choses - comme ce qui se fait à la Place des Martyrs à Cotonou -, mais mal pensé selon moi ; parce que l'artiste dans la rue, ce n'est pas ainsi que cela se passe. On sort une fois, deux fois, puis on se retire. On sort dans la rue pour impressionner, pour dire quelque chose et on se retire. Ce qu'on appelle Street art, ce n'est pas être dans la rue tous les jours. La rue ne nous appartient pas à nous seuls.

J'ai compris aussi quelque chose à mes dépens. Il ne sert à rien, quand on est dans un pays pauvre, de dépenser de l'argent public pour faire une fête qui dure trois jours ou une semaine, et plus de traces après. Pour parler justement de la Biennale Regard Bénin, après que c'est terminé au Kora, qu'est-ce qui nous est resté au Bénin ? Même pas un catalogue qui ait été fait, il en a été conçu ; mais nous n'avions pas réussi à l'éditer. Un autre détail fâcheux. Si au moins il y avait eu un catalogue, il y aurait des témoignages.

Donc aujourd'hui, moi j'ai décidé de ne plus faire un projet éphémère. Je préfère faire des projets tangibles, de sorte que même quand on sera partis, ça puisse toujours servir. C'est mieux que de passer son temps à raconter qu'on a organisé tel festival, exactement comme je le dis maintenant. Si c'est un musée, un centre culturel comme ce qui est à Lobozounkpa, ceci existerait pour toujours. D'autres jeunes peuvent encore faire dans l'éphémère, on en a aussi fait et on en a beaucoup appris.

Aujourd'hui, vous poursuivez vos activités de création, mais vous prenez une certaine part à la vie d'un centre culturel qui se fait sa place dans l'arène. Parlez-nous du « Centre ».

« Le Centre » devait exister. Ça rejoint ce que je viens de dire tantôt concernant mes orientations. Depuis un moment, je me suis débrouillé pour créer un centre à Abomey. Cela m'a donné beaucoup d'énergies et de rêves. Et comme j'ai décidé de ne plus être mendiant, je m'étais dit : « Je vais faire avec mes maigres moyens peu à peu, sans dépendre de quelqu'un ». C'est en faisant cela qu'un jour j'ai rencontré un des mécènes de ce monde qui a vu mon centre et m'a fait part de ses projets, et je l'ai accompagné. D'où ma double casquette. Donc ma mission première, c'était de réussir son centre à lui. « À lui », c'est trop dire, puisque c'est un centre pour les Béninois, cela rentrait dans mon éthique et ma vision de travail. Alors à cœur joie, j'ai accompagné ce projet. Aussi ont-ils, eux, ce qu'il faut pour nous accompagner. L'intelligence de ce centre, ce n'est pas sorcier : faire des résidences d'artistes. On l'avait déjà fait à Abomey et cela existe partout dans le monde. Faire venir des artistes pour créer des ateliers, c'est du B.a. ba.

C'est quand même bien que nous l'ayons, parce nos artistes en ont besoin. Mais la perle rare que nous avons réussi à trouver, c'est ce petit musée « Le petit musée de la recarde ». Nous avons beaucoup de vestiges qui sont partis. Le monsieur même a eu l'intelligence de dire : « Nous pouvons créer un musée très grand. Mais pour être crédible, prenons une seule direction, celle des recardes, qui sont quand même symboliques au Bénin ».

C'est un travail qui a pris du temps, un projet coûteux ; mais ce musée existe aujourd'hui et est une référence au Bénin, voire dans le monde. J'en ressens une telle fierté que je ne peux exprimer. C'est le seul musée qui regroupe autant de recardes au monde. La collection va s'agrandir encore. Ce n'est pas moi qui ai signé, mais ce sont des choses auxquelles j'ai contribué et qui existent aujourd'hui. Cela fait plaisir.

Donc « Le Centre », pour moi, son poumon central, c'est ce musée de recardes que, dans la modestie, on a appelé « Le petit musée de la recarde », sinon c'est un grand musée qui ne dit pas son nom. L'autre chose que « Le Centre » fait qui n'est pas si visible parce qu'on n'est pas dans la communication à outrance, c'est que tous les ans nous emmenons entre 10 et 20 artistes plasticiens contemporains béninois en France. Si ce n'est pas à la galerie Valois, ce serait à Tanlay dans un château, ou à Nice. Ce qui fait qu'à force de travailler ainsi, on commence par me coller le nom de commissaire d'exposition, ce que je ne suis pas, je n'ai jamais reçu de formation pour ça. Il suffit de choisir des artistes sur une certaine thématique ou non. Récemment, j'ai aussi emmené certains artistes au Maroc ; et là, pendant qu'on parle, des caisses vont partir encore pour La Rochelle.

J'ai pris une position assez particulière. Ce n'est pas toujours nécessaire d'aller à la télé ou à la radio pour dire « Je fais ci, je fais ça ». Cela se sait toujours. Les artistes, quand ils circulent dans leur parcours, on sait par où ils passent. Ils défendent une cause et les gens autour le remarquent. C'est mon point de vue pour la gestion de l'art et de la culture. Des choses se font. Nous sommes en train de suivre des artistes qui grandissent, ils vont en témoigner demain. C'est un peu mon job aujourd'hui. Il y a des artistes qui ont pris par mon studio, et après exposent au même titre que moi dans plusieurs galeries dans le monde. Ça commence ainsi, puis des jeunes émergent et grandissent. C'est ainsi que beaucoup d'artistes s'installent, se réalisent socialement sans tambour ni trompette.

Les grandes personnes qui m'ont donné ce conseil-là, ce n'est pas qu'ils m'ont parlé. Je les ai vues faire. On n'attend personne, on crée. L'Afrique est en développement, et il faut être au rendez-vous. Ceux qui ne vont pas émerger ne seront pas au rendez-vous. Ils ne pourront pas s'asseoir à la table des grands, parce qu'ils n'auront rien à montrer ni rien à partager.

Tout ceci pour vous dire que « Le Centre » sert à ça. C'est comme un laboratoire, c'est un lieu pour créer, pour concevoir quel que soit son domaine artistique. On peut prendre aujourd'hui des groupes qui ne sont pas très grands, qu'on va accompagner pour les faire grandir. Même si on dit que le lieu est excentrique, ce n'est pas grave. La fierté que nous avons, c'est que la mairie d'Abomey-Calavi nous octroie un domaine pour la culture. C'est rare.

Vous avez parlé du musée de la recarde, et cela donne la curiosité de savoir comment ces recardes sont regroupées. Elles viennent d'où ?

Il s'agit des recardes de la plupart des rois qu'on a connus. Aujourd'hui, nous avons environ 12 de ces recardes-là. C'est un travail qui a pris environ 4 ans, et ça continue toujours. Le Bénin accompagne un peu ; mais ce n'est pas vraiment le Bénin, plutôt des collectionneurs les ayant en leur possession qui ont compris le projet. Ces derniers avaient acheté ou pillé (on ne va pas rentrer dans les polémiques) ces recardes et ont accepté d'en faire don. Nous sommes toujours à l'affût. Dès qu'il y a vente publique de recarde quelque part dans le monde, on envoie quelqu'un pour acheter, et les gens ont compris maintenant. Même ceux qui ont des recardes cachées quelque part nous contactent et disent : « Moi j'en ai à vendre ou à donner ».

Artiste, vous créez en tant qu'artiste et vous exposez un peu partout, vous coordonnez des expositions pour des artistes plus jeunes. Ça fait

beaucoup de choses. Et on se demande si vous avez du temps à consacrer à votre petite famille. Vous en avez une sans doute !

Oui, je réussis à avoir le temps. Mais vous savez, dans ce genre de situation, il y a beaucoup de sacrifices. Ma petite famille se sacrifie beaucoup pour moi parce qu'elle comprend ma vision. J'essaye de me sacrifier aussi à mon tour au mieux. C'est l'une des raisons pour lesquelles je réside au Bénin. Ce n'est pas pour rien que mon atelier est combiné à ma maison, c'est vrai que mes assistants sont souvent là et dérangent parfois la paix familiale. Mais on dit que l'art est un sacerdoce. C'est un peu comme les prêtres qui doivent se lever tôt tous les matins pour faire la messe, puisque c'est un engagement. Comme c'est un choix, on oublie la douleur. Mais honnêtement, c'est âpre. Toutefois, ma famille me comprend.

La seule chose qui est la plus difficile pour moi, mais qui me préoccupe aujourd'hui, c'est de réussir à avoir le temps pour oublier tout ce qu'on appelle commissariat d'exposition, gestion de centre, et juste souffler pour me consacrer à mon art, mon amour premier. C'est mon plus grand rêve, je vais le réaliser d'ici peu. À mon avis, j'ai déclenché pas mal de choses. « Le Centre » aujourd'hui fonctionne sans moi. Il y a des personnes intelligentes pour diriger « Le Centre » sans moi, c'est lancé. Des personnes qui ont même plus de compétences de gestion que moi. Et pour le commissariat d'exposition, les personnes formées pour ça aussi le feront. Ce sont des choses qui avaient été faites à des moments où il fallait les faire. Mais quand on réussit à avoir un peu d'intelligence, on comprend ses limites. Je commence par comprendre les miennes. On n'a pas dix mille têtes pour penser à dix mille choses à la fois. Sinon, c'est mon âme qui va en pâtir.

C'est très sage comme décision. Je ne sais pas si cette même sagesse vous amène à vous demander si vous êtes aussi bon père qu'un impressionnant artiste.

(Rire) Bon père, je ne saurais le dire, c'est à mes enfants de le dire. Non, j'essaie de faire au mieux comme tous les parents. Je ne sais pas si je suis un bon père ou pas. Ma famille est très chère pour moi, de toute façon.

Alors, quel type d'époux êtes-vous ? Attentionné, romantique ?

(Sourire) Je ne pense pas être romantique. Attentionné, oui. J'ai appris une grande valeur qui est vraiment contradictoire, ça va vous étonner : c'est en observant les grands criminels de ce monde, et ceux qui appartiennent à de grandes mafias. Ces voyous et délinquants trouvent du temps pour leur famille. Quelqu'un qui vient de tuer dans la rue, mais qui réussit à embrasser ses enfants. Quel paradoxe ! Mais comment je peux être un artiste et ne pas avoir de l'attention pour ma famille ? La plus grande richesse, c'est la famille. Je ne pourrai donc pas par exemple vivre en Europe, parce que ma famille est en Afrique.

Il y a une théorie qui dit qu'il faut rester isolé pour créer, moi je ne connais pas cela. Je réussis à m'isoler s'il le faut, la nuit comme le jour. Et à mon avis, pour un artiste, la famille sert aussi d'équilibre.

Vous avez évoqué tantôt vos assistants. Effectivement, dans votre atelier, il y a des ouvriers qui vous assistent dans vos créations. Comment cela se passe-t-il ?

Les assistants, pour moi, c'est tout naturel, par rapport aux projets que j'entreprends. C'est vrai que ça choque certains – ceux que ça choque souvent, ce sont des personnes qui sont frustrées, notamment des Européens -, parce qu'ils ne s'imaginent pas qu'un artiste africain puisse employer jusqu'à huit, dix personnes qui l'assistent pour travailler. Pourtant, j'ai rencontré des artistes européens qui emploient jusqu'à deux cents personnes pour travailler avec eux. En quoi serait-ce interdit à un Africain de le faire ? Grosse interrogation.

Mais plus sérieusement, dans l'art, quand on a des projets importants, on a besoin de compétences. Je considère par exemple la sculpture comme une architecture, comme construire une maison. Faire une sculpture, c'est bâtir. C'est du 4D (quatre dimensions). C'est un dessein. Ça peut être fait en métal, en bois, en verre, tout ce qu'on veut. Ça peut avoir 10 centimètres de haut jusqu'à 100 mètres de haut si on veut. Alors, si je décide de faire une sculpture de 8 mètres de haut, comment puis-je y arriver seul avec mes dix doigts ? Mais j'ai eu l'idée de la concevoir, tel un architecte. Il faut donc faire appel à un maçon, un ferronnier, un ferrailleur et tous ceux dont j'ai besoin pour réaliser mon œuvre. L'art peut réunir plusieurs corps de métiers de l'artisanat.

Comme moi j'ai un grand atelier, je réunis autour de moi ces compétences dont j'ai besoin pour qu'ils m'assistent. Et comment je fais ? C'est simple, c'est des gens que j'ai remarqués comme ayant, en plus de leur savoir-faire, une fibre artistique. L'art peut être une entreprise, et c'est mon cas. C'est des salariés qu'il faut payer ; certains sont saisonniers, d'autres des permanents.

Nous allons finir ici. Vous allez bien vouloir donner votre avis sur quelques artistes béninois, si vous les connaissez :

Florent Couao-Zotti

C'est l'un de mes meilleurs écrivains. De par sa plume, il voyage beaucoup et représente vaillamment le Bénin au plan international, surtout dans le domaine de la littérature.

Sylvestre Amoussou

Sylvestre, c'est un ami ; et d'ailleurs il a tourné au Centre une petite partie de son film qui a décroché le deuxième grand Prix du FESPACO – je veux parler de *L'orage africain*… Et ce film justement, nous y avons contribué très modestement. C'est un profond panafricaniste, le film en témoigne, et il faut qu'ensemble on le porte.

Angélique Kidjo

Elle, je ne la connais pas personnellement en termes de contact. Mais Angélique Kidjo, tout le monde connaît son travail. Je la connais comme je connais son frère Oscar Kidjo. Elle est non seulement issue d'une famille d'artistes, mais très vite elle s'est imposée par son travail et porte le drapeau du Bénin dans le monde entier. Elle est très engagée.

Ousmane Alédji

Ousmane Alédji, il y a très longtemps que je le connais. C'est un grand metteur en scène. Il a créé un centre culturel qui marche bien. Il a des idées vraiment pointues. C'est un artiste engagé.

Djimon Hounsou

C'est aussi un grand. Il nous défend bien aux États-Unis, dans le système Hollywood, et par ricochet dans le monde entier. C'est l'un des bons acteurs.

Gilles Lionel Louèkè

Oui, dans la musique, il a amené la barre un peu plus haut que d'autres.

Pour faire un résumé, tous ces noms ont respecté leur carrière, ils ont travaillé dur et maintenant ils ont un nom. Je pense que ça peut inspirer et encourager d'autres à faire comme eux.

Monsieur Zinkpè, on a fait un long parcours. Merci à vous.

Merci à toi. J'admire ton courage.

EXPOSITIONS COLLECTIVES

Dominique Zinkpè est auteur de plusieurs collections et expositions et gagne plusieurs prix au Bénin et l'international[6] :

2021 : *État d'âme*, Gallery Guirandou, Cocody, Côte d'Ivoire

2020 : *Prête-moi ton rêve*, Musée des Cultures Contemporaines Adama Toungara, Abidjan, Côte d'Ivoire

2019-2020 : *Prête-moi ton rêve*, Musé des civilisations noires de Dakar, Sénégal

2019 : *Prête-moi ton rêve*, la Villa d'Anfa, Casablanca, Maroc

2019 : *Grow Box Art project*, Zeitz MOCAA Museum, Le Cap, Afrique du Sud, ADS

2017 : *En marge, In Situ* - Fabienne Leclerc, Paris, en France

2016 : *Summer exhibition 2016*, Gallery of African Art (GAFRA), London, UK

2015 : *Africa Africans*, Museu Afro Brasil, São Paulo, au Brésil

2014 : *The Divine Comedy*, MMK (Museum für Moderne Kunst), Frankfurt am Main, en Allemagne

2011 : *Manifeste*, Fondation Zinsou, BJ Africa 2.0 >isthere a contemporary africanart ? Influxcontemporary, Lisbonne, PT Seven artists one continent, Edcrossfineart, Londres, UK Jérôme Latteur et Zinkpè, Trajectoire III, Galerie Frédéric Moisan, Paris, en France Visionary Africa, Musée des Beaux-Arts, Bruxelles,

2010 : *Space:Currencies in Contemporary African Art.* Museum Africa, Newton, Johannesburg, ZA Africa 2.0 >isthere a contemporary african art? Influxcontemporary, Lisbonne, PT Seven artists one continent, Edcrossfineart, Londres, UK Jérôme Latteur et Zinkpè, Trajectoire III, Galerie Frédéric Moisan, Paris, FR Visionary Africa, Musée des Beaux-Arts, Bruxelles, BE Cinquantenaire du roi Toffa, Musée Honmé, Porto-Novo, BJ Au miroir du Temps, Bicici, CI

2009 : *Ré-Création*, Fondation Zinsou, Cotonou, BJ The Spirit of art : Zinkpèund Polux, Museum Haus der Völker, Schwaz, AT Persona, Musée Royal de l'Afrique Centrale, Tervuren, BE Galerie Cardinal, Bastia Corse, FR Scénographies urbaines, Johannesburg, ZA Au miroir du Temps, Bicici, CI

2008 : *Bénin 2059*, Fondation Zinsou, Cotonou, BJ Partiharterritories, Biennal de Sao Tomé, STP Joburg Art Fair, curated show, Johannesburg, ZA 2e Salon d'art contemporain africain, Bruxelles, BE Auf Augenhöhe, Städtische Galerie Viersen, en Allemagne

2007 : *Contact Zone*, Musée National, Bamako, ML Musée Afro-Brésilien, Sao Paulo, BR ReCup Passage d'immigré, Galerie imKörnerpark, Berlin, DE Masques rituels et contemporains, Fondation JP Blachère, Apt, FR Museum Haus der Völker, Schwaz, AT

2006 : *Dak'art 2006*, Biennale de l'art africain contemporain, Dakar, SN Retour au Futur, la Collection Elmer, Abbaye de Neumünster, LU

2005 : Black Light Gallery, U3 PotsdamerPlatz, Berlin, DE Olhar sobre a Africa Contemporânea, Gabinete de Arte, Sao Paulo, BR

2004 : *Africa Screams*, Bayreuth, Allemagne et Kunsthalle de Vienne, AT Galerie Yacine, Dakar, SN

2003 : Biennale de La Havane, La Havane, CU Africahere and now, Centrum Beeldende Kunst, Emmen, NL L'Europe Fantôme, Bruxelles, BE Guess Who, Stedelijk Museum, Zwolle, NL Post Border Land, SBK, Amsterdam, NL

2002 : Dak'art 2002, Biennale de l'art africain contemporain, Dakar, SN (Lauréat du prix UE-MOA) Artistes du Bénin, Atelier d'Alcide, Chalon-sur-Saône, en France

2001 : *À l'ombre des supermarché*s, Centre Culturel Français, Cotonou, BL Galerie Artena, Marseille, FR Contrastes africains, Paris, en France

2000 : Salon Harmattan 2000, Centre Culturel Français, Cotonou, BJ Art contemporain du Bénin, Centre culturel franco-nigérien de Niamey et Zinder, Centre Culturel Français de Ouagadougou, Accra,

Abidjan, Bamako et Lomé Exposition Universelle, Hanovre, DE South meets West, Kunsthalle, Bern, CH

1999 : *South meets West*, Accra, GH Zinkpè, Maison des Arts, Evreux, FR Art Work Nature, Pulchri Studio, La Hague, NL

1998 :Dak'art 98, Biennale de l'art africain contemporain, Dakar, au Sénégal.

1997 : Exposition au Musée Botrop, DE Arthall Wuppertal Barmen, Wuppertal, DE Art Frankfurt, Frankfurt, DE 8 + 1, Centre Culturel Français, Cotonou, BJ

1996 : Osaka Triennale 1996 Painting, 7th international contemporary art competition, Osaka, JP Exposition Landbouwbelang de Kadans, Maastricht, NL Dak'art 96, Biennale de l'art africain contemporain, Dakar, au Sénégal

1995 : Osaka Triennale Sculpture 1995, 6th international contemporary art competition, Osaka, JP Kunst isSpraclos, Goethe Institut, Lomé, au Togo

1994 : Révélation 93, Centre Culturel Chinois, Cotonou, au Bénin

PERSONNELLES

2015 : *Anima*, Galerie In Situ - fabienne leclerc, Paris, en France[1]

2012 : *Des tigres et des peintres*, Fondation Blachère, Apt, en France

Africa, Friedman &ValloisGallery, New-York, aux USA

In mymind, Atelier Bayard, Nantes, en France

Cérémonial, Institut français, Pointe Noire, au Congo

2011 : *Mewigbédji*, Galerie Valois, Paris, en France

Métamorphose, Fine Art Studio, Bruxelles, en Belgique

2010 : *Dessins Secrets*, Fine Art Studio, Bruxelles, en Belgique

Focus Zinkpè, Regard Bénin 1.0, Laboratorio Cotonou et Musée historique d'Abomey, au Bénin

2009 : *Humeur d'artiste*, Laboratorio, Résidence Virchaux, Cotonou, au Bénin

Les Chantiers de la Lune, La Seyne-sur-Mer, en France

Galerie Afronova, Johannesburg, Afrique du Sud

2007 : *Passage d'immigré*, Neukoëln, Berlin, en Allemengne

Un monde à part, Résidence Oladé, Cotonou, au Bénin

2006 : *L'homme est un mystère*, oddc, salle François Mitterrand, Guingamp, en France

Exposition Go Slow, Centre Culturel Français de Cotonou, au Bénin

2005 : *Installation Photo VôBôto*, Iwalewa Haus, Bayreuth, en Allemagne

2004 : Exposition Game Boy (Alafia), Vénerie, Bruxelles, en Belgique

Exposition Taxi « Safari », Ilôt Fleuri, Québec, QC

Du Sarcasme à la Virevolte, Les Chantiers de la Lune, La Seyne-sur-Mer, en France

2003 :*Africa in the picture*, Amsterdam, NL Galerie Insité, Marseille, en France

2002 : Exposition Taxis-Zinkpè, Place de l'Obélisque, Dakar, SN

Exposition au Centre Culturel Franco Nigérien et dans les rues de Niamey du Taxi «?Wallaï?!?», NE

2001 : Deux galeries pour un artiste, galerie Apocope et galerie RLBQ, Marseille, en France

2000 : Exposition au Centre Culturel Français et dans les rues de Cotonou du Taxi « Tais-toi jaloux ! », au Bénin

Malgré tout ! Ambassade d'Allemagne, Cotonou, au Bénin

La comédie de Zinkpè, Fitheb off, Cotonou, au Bénin

COLLECTIONS PUBLIQUES

• *Partage de Territoires*, Collection Fondation Zinsou, Bénin/France

• *Taxi Bonne Arrivée*, Collection Arthur Elmer, Allemagne

• *Taxi Marseille-Algérie*, Collection de la Fondation Jean-Paul Blachère, France

• *Taxi Bamako*, Collection du Musée National du Mali

• Collection Chesi Gert, Autriche

• Collection Ganiou Soglo, Bénin

• Collection Adrien Houngbédji, Bénin

• Collection IdelphonseAffogbolo, Bénin

• Collection de la Présidence de la République du Bénin

• Sindika Dokolo Foundacion, UK

• Kadist Foundation, France-USA

ANNEXES
(ARTICLES DE CRITIQUE)

Fitheb 2018/ La tragédie du roi Césaire ou l'injonction à une prise de conscience

18 novembre 2018

Le public qui connaît sa mise en scène le réclamait. Et Ousmane Alédji revient en ressuscitant Aimé Césaire à travers ses textes qu'il réunit avec esprit, puis en fait la mise en scène. Le spectacle, c'est **La tragédie du roi Césaire**, *représenté au centre Artisttik Africa, le 16 novembre, première journée de la 14ᵉ édition du festival international de théâtre du Bénin (Fitheb). Un appel fort à la prise de conscience en tant qu'Africain. Une scénographie exorciste.*

Dès l'entrée en salle, le public aperçoit sur la scène un homme debout, visiblement un rescapé. Il tient une béquille et ne bouge pas. De blanc vêtu dans un décor tout blanc inspirant l'élévation, mais d'abord la fin. C'est un décor céleste, avec la présence d'un lit mortuaire. Il est rejoint par un autre habillé en noir. C'est son subalterne (joué par Raphael Hounto). Le roi Césaire (incarné par Nicolas de Dravo) vit ses dernières heures, très répugné par l'attitude de « stériles spectateurs » de ses sujets et frères les Africains, face à leur situation de résignés. Il est indigné de tant de nonchalance freinant sur le chemin de l'autodétermination. Le roi Césaire est outré par la désinvolture de ce peuple qui n'est pas « debout » ou pas suffisamment. Et même titubant, négociant ses derniers souffles, il a la force dans la voix pour engager les siens à l'action. Avant de partir, il procède à un rituel, sans doute pour purifier les esprits de tant d'égarements et les confier aux ancêtres.

Un homme qui physiquement ne compte plus que sur une de ses jambes, mais qui prend des risques ; qui entreprend de grimper ; de « rester debout » sans sa béquille, de marcher sur son lit (de mort). La voix (le ton) qui prend de l'ascendance et redescend quand il le faut. C'est une direction d'acteur impressionnante dont Nicolas de Dravo offre le rendu. Ceci répond à l'ensemble d'une scénographie aux aspects exorcistes comme suggestifs. Et si la présence imposante du blanc suggérait que le roi Césaire réagit directement depuis l'au-delà ou il est toujours préoccupé par le niveau de conscience des siens ? Et si ce blanc suggérait plutôt que l'Afrique est encore vierge avec beaucoup de manques à gagner ? Ou encore suggérait-il le niveau de conscience plus élevé du roi Césaire parmi les siens, eux qui s'accommodent d'attentisme et de désespoir, en témoigne le costume noir du subalterne sur scène ?

Dans tous les cas, le roi Césaire ici pourrait être une métaphore de cette Afrique rescapée de colonialisme, de guerre, de coups d'État et qui doit se hâter de se (re)lever. Cette Afrique qui doit arrêter définitivement de se plaindre ou de s'apitoyer sur son sort. Elle doit avoir l'audace de quitter son petit confort.

Et le public devra supporter la fumée produite par l'encens pendant le spectacle, car il y a un minimum de sacrifice à consentir pour y arriver. L'Afrique doit entreprendre. L'Afrique doit prendre des risques, sans la peur de tomber, d'échouer. Elle doit lutter jusqu'au bout, pour sortir du sous-développement.

La tragédie du roi Césaire est un ensemble de textes de l'œuvre d'Aimé Césaire réunis et mis en scène avec créativité et maestria par le dramaturge metteur en scène Ousmane Alédji. Un engagé qui rend hommage à un autre. Que ce soit en écriture ou en mise en scène, on connaît le ton des œuvres de l'auteur de *Cadavre, mon bel amant,* qui ici fait un retour sur la scène plus de 15 ans après ses créations applaudies dans le monde entier par des publics d'événements de théâtre les plus prestigieux. On se rappelle *Imonlè* et *Omon-mi.*

Et pour un retour, celui-ci porte les caractéristiques du majestueux. **La tragédie du roi Césaire** tient en haleine et en alerte le public, de l'entrée en salle jusqu'à la fin du spectacle. Un public qui, peut-être, peut être essoufflé d'aller à un rythme aussi sportif. Mais c'est entendu ! On ne va pas au développement en lambinant. Théâtre rituel, théâtre organique, monodrame (n'empêche la présence du second acteur), ce spectacle puise dans plusieurs formes pour produire la catharsis. Le développement de l'Afrique dépendrait sans doute du rassemblement de toutes les forces.

Par Éric Azanney

Photo : Tognidaho

Les enfants n'oublient rien de Ousmane Alédji : Quand le théâtre court

12 août 2017

*La couverture du livre avec les choix graphiques d'écriture du titre est comme une fenêtre donnant sur l'univers des services de renseignements, du moins à s'en tenir à ce qu'on voit dans les films quant à l'enregistrement de données numériques et à l'identification personnalisée avec l'empreinte digitale qui sont remarquables sur la première de couverture. À la faveur d'un monologue déguisé, **Les enfants n'oublient rien**, nouvelle publication de l'écrivain béninois Ousmane Alédji, nous propose une curieuse immersion.*

Dès l'ouverture du livre, des didascalies projettent des scènes de violence, chaque fois qu'une page est tournée pour une autre. On se croirait devant un poste téléviseur, télécommande en main, zappant une chaîne pour une autre, mais tombant toujours sur des films choquants. Peut-être ceci peut-il signifier l'omniprésence de la violence dans le quotidien humain. Mais les cinéphiles peuvent, eux, s'imaginer au cinéma en prenant lesdites violentes scènes portées par ces didascalies comme un avant-goût de ce qui va suivre. Ils n'auront pas tort.

Un homme est kidnappé par deux ravisseurs qui le tiennent militairement sur le trajet d'une destination inconnue et paraissant loin pour la victime. Lusha a la peur de sa vie, mais ne laisse rien transparaître de cet état d'âme de faiblesse. Mieux, il a la grande gueule devant les deux individus cagoulés qui le poussent à aller plus vite, avec des coups dans le dos, et à qui il rappelle avoir « des pieds, pas des pneus » (p.27). Sur le chemin, il les traite de tous les noms pouvant servir à désigner l'amateurisme et l'incompétence. Lusha joue toutes les cartes de la ruse afin de manipuler psychologiquement ses ravisseurs.

Tantôt, il leur fait savoir qu'ils ont tort de l'enlever, lui un simple patron de boîte de nuit. Juste après, il prétend pouvoir leur enseigner de bonnes méthodes de kidnapping, ou encore, comment leur « chef » pourrait gagner beaucoup d'argent en faisant affaire avec lui car, pour être un ancien agent du service des renseignements, il aurait plein d'informations sur le pouvoir en place. Il les insulte, leur donne des astuces pour « tuer » avec « art » et « créativité » (pp.51-61), essaye de créer le dialogue, il veut faire parler les kidnappeurs, pour découvrir qui les envoie. Mais ceux-ci ne pipent mot le long du trajet parcouru en athlètes. Pour toute réaction, il devra se contenter des coups qu'il reçoit et des gestes de ses interlocuteurs.

Lusha ne perd rien pour attendre. Les ravisseurs arrêtent la course, une fois arrivés à un endroit isolé. Aucun commanditaire ne les attendait, pas de chef. Ils suspendent leur victime à un arbre, puis démarre une vraie séance de torture. L'un d'eux lui montre une photo et l'oblige à se souvenir d'un meurtre portant sa « signature » (p.70) et dont il tire une immense fierté. Alors qu'il était « membre de la division des opérations secrètes, il avait pour mission d'« effacer » une femme, de « débarrasser le système » d'elle (p.70). Et la dame, et toute sa descendance. La femme avait un enfant de 3 ans. Il faut se demander si l'un des ravisseurs n'est pas cet enfant qu'il pensait avoir « effacé ».

De la violence à la catharsis... grande enjambée de la création dramatique

« Je voudrais enfoncer en chaque mot la douleur de ces hommes vivant sous les griffes d'un siècle qui bâcle ses espérances et qui entretient avec l'avenir des relations de panique », a écrit Sony Labou Tansi (en préface à la pièce *Antoine m'a vendu son destin*). Le projet dramatique de Ousmane Alédji ne semble pas différent de celui du Congolais, l'un des plus importants dramaturges du siècle dernier. Le ton de l'immense répertoire théâtral du Béninois en porte l'éloquente expression, et cette nouvelle publication (*Les enfants n'oublient rien*) n'en fait pas moins. Mais si on connaissait à son écriture cet engagement qui passe aussi par l'aspect déshabillé des mots, avec les images directes que renvoie leur emploi par les personnages, cette fois-ci, c'est dans un univers délicat que le dramaturge risque son imaginaire et sa plume. Les services secrets. Lusha, ancien membre de ces services, en vient même à faire l'apologie du crime avec son cortège de torture par endroits. « Le comble c'est que vous manquez cruellement de créativité. Les uns copient les autres. Les mêmes gestes sous des masques différents. Vous en êtes arrivés à désacraliser l'art de tuer » (p.55) ; « la manière de tuer devrait être récompensée. Des Nobel et des Oscars pour les machines qui font preuve d'originalité et d'inventivité, d'innovation dans l'art de tuer, dans l'art d'offrir la mort. » (p.56). Ces propos à images insoutenables sont parfois entrecoupés par le comique, suggérant l'humour noir. L'écriture de Ousmane Alédji fait penser à ce que Antonin Artaud appelle « le théâtre de la cruauté ». Car selon le Français, théoricien du théâtre, pour échapper à ce monde qui glisse, qui se suicide, sans s'en apercevoir, à l'atmosphère asphyxiante dans laquelle nous vivons, il faut que le théâtre redevienne grave.

Le rythme de ce texte, tout comme son souffle, met le feu aux fesses à l'humanité pour que chacun repense ses rapports à son semblable. La richesse esthétique de *Les enfants n'oublient rien* propose de nouvelles pistes à l'écriture dramatique et aura aussi bonne figure au cinéma. S'il n'est pas un insoumis, l'auteur de *Cadavre, mon bel amant* est alors un créateur vigilant.

Nul n'entre ici s'il n'est anticonformiste (?)

La forme du genre Théâtre qui permet de sonder, dans ses méandres, la psychologie d'un personnage, est assurément le monologue. *Les enfants n'oublient rien* a trois personnages, selon l'épigraphe et même dans la construction du drame, mais, en réalité, Lusha est seul à parler et à se répondre, même quand il pose des questions. Les deux autres, ses ravisseurs, ont juste agi. Un seul acteur pourrait donc se retrouver sur scène à la création du spectacle, tout comme trois. Avec ce personnage, qui fait de régulières diversions, Ousmane Alédji ressort l'absurde qu'il faut tout de même prendre au sérieux. On se rappelle Samuel Becket dans la pièce *En attendant Godot*, où Vladimir et Estragon attendent un certain Godot dont eux-mêmes ne sont pas sûrs de l'existence, mais voguent dans des futilités, tout en l'attendant. Ici, le kidnappé focalise toute son énergie et son discours sur un commanditaire, le supposé « chef » qu'il s'attend à rencontrer. Mais aux détours de banales diversions, des réflexions philosophiques et politiques sont faites. La mort, les lois, etc. y passent.

L'issue de l'intrigue est surprenante, et pas seulement, parce que Lusha n'a pas été finalement exécuté par ses ravisseurs. Mais parce que c'est généralement avec le genre de la Nouvelle que la fin laisse un goût de sous-entendu, instaurant du flou autour du dénouement. Ici, quand bien même c'est le théâtre, il faudra être attentif aux détails et indices pour se rendre compte que Lusha s'est trouvé rattrapé par l'histoire et qu'effectivement, *Les enfants n'oublient rien.*

Cette pièce peut paraître telle une interpellation à l'escarcelle du pouvoir dans tous les pays, et surtout ceux africains sur le caractère odieux que peuvent revêtir certains de leurs actes et en quoi les règlements de compte peuvent constituer une perte de temps dans le processus du développement. Le trajet de Lusha entre les mains de ses ravisseurs apparaît comme un décryptage de l'itinéraire tragique de l'Afrique qui semble essoufflée alors qu'elle n'a pas encore fait la moitié du chemin pouvant conduire à son développement.

Par Éric Azanney

(Publié sur www.awaleafriki.art)

Le film *Un pas en avant, les dessous de la corruption* de Sylvestre Amoussou : L'optimisme d'une Afrique purgée et forte

15 décembre 2015, par Éric Azanney

Un pas en avant, les dessous de la corruption, on n'en a pas suffisamment parlé à la mesure de sa facture. L'une des plus grosses productions africaines de la décennie, en matière de film. Il porte des empreintes techniques de gros moyens installant le cinéphile dans un confort douillet véhiculant les convictions panafricanistes du réalisateur béninois. Après *Africa paradis*, Sylvestre Amoussou revient dans ce deuxième long-métrage avec des thématiques aussi sensibles que colossales.

Corruption, détournement…, en attendant *L'Orage africain*, son prochain film attendu pour 2016.

Aborder la corruption et ses méandres dans nos États et nourrir l'ambition d'en arriver à bout. Le dessein est aussi gargantuesque que délicat, surtout quand on sait que la machine est alimentée depuis le sommet de l'État. Mais Sylvestre Amoussou fait rêver avec ce film dont la trame et la réalisation sont mises à la hauteur du sujet. Assassinat, course-poursuite, enquête, traque aux dealers, tous les éléments sont réunis pour penser à un film policier aux suspenses haletants.

Un homme disparaît sans trace. Comme tout indice pour son frère jumeau très inquiet, les maladroites tentatives de personnes non identifiées à le rassurer que Boubakar Godomey va bien. À la police pour signaler la disparition de son frère, l'inspecteur - un complice - banalise la déclaration de Koffi Godomey (joué par Sylvestre Amoussou). Désormais, Koffi ne pourra plus compter sur la police, surtout qu'il a reçu des menaces. Il décide de s'occuper lui-même de l'enquête ; et c'est alors qu'il tombe sur les affaires louches d'un gang de trafiquants d'armes et de drogues ayant sa racine au sommet de l'État et qui entretient un réseau de détournement d'aides humanitaires. Koffi est sur la piste de les découvrir. Menaces et tentatives d'assassinat. Mais il s'entête, n'en déplaise à son épouse Délalie (Sandra Adjaho) qui se retire au village un moment, espérant que l'envie de jouer au détective passe à son mari.

L'affaire devient un secret de polichinelle. Aidé par un ami journaliste, la presse en parle, la population également. Voulant juste retrouver son frère, Koffi devient célèbre, pour avoir révélé une affaire aussi sensible. Son épouse finira par l'y aider.

Miroir de nos États

C'est une heure 30 minutes de stress et de plaisir entretenus par une intrigue palpitante déroulée dans un décor d'enchantement. En toile de fond, le détournement, la corruption et les magouilles au niveau des décideurs politico-administratifs autour des affaires de développement comme l'aide internationale. La corruption est un fléau dont aucun pays au monde ne peut se targuer d'être épargné. Et le cadre africain, surtout béninois, où ce film a été tourné, baigne en plein dans cette gadoue à laquelle est allergique le développement. Au-delà de la corruption, *Un pas en avant…* met au goût du jour la question de l'aide internationale aux pays africains et de la gestion qui en est faite. Jusqu'à quand l'Afrique se fera-t-elle assister ?

L'artiste plasticien béninois Dominique Zinkpê est préoccupé aussi à juste titre par la situation et avait interpellé avec son œuvre-installation *L'Afrique sous perfusions,* qui offre à voir un malade couché à qui il est administré plusieurs perfusions à la fois, pour caricaturer l'Afrique dont s'occupent, depuis des décennies voire des siècles, plusieurs pays développés. S'il faut encore se demander ce que font les pays africains pour se passer de l'assistance humanitaire en provenance des pays du Nord, la réponse que propose ce film de Sylvestre Amoussou est : Rien. Rien, puisqu'il arrange plus les dirigeants que ces aides viennent afin qu'ils puissent les détourner. Par exemple, le ministre des Affaires étrangères (joué par Dieudonné Kabongo) et, monsieur Dassombo, l'incontournable homme d'affaires (joué par Thierry Desroses) se plaisent à en rigoler dans leurs discussions dans le film, « trouvant agréable que la communauté internationale les aide personnellement ».

Réalisme, idéalisme

Dans la vie réelle, ceci s'illustre bien, avec une quiétude ahurissante des acteurs de détournement. Cet état de choses est d'actualité dans beaucoup de pays, principalement au Bénin, où on se pose toujours des questions sur la gestion d'un certain financement destiné à faciliter l'accès à l'eau aux populations. Personne n'en parle vraiment au point d'en arriver à les dévoiler et les débusquer comme Koffi, ce simple épicier, qui aurait pu se contenter de pleurer la disparition et l'assassinat de son frère. Koffi est idéaliste. Sylvestre Amoussou voudrait-il que même le dernier des citoyens ait à cœur la bonne gouvernance de son pays et s'y implique ? Au prix de sa vie ? Tout idéaliste est quand même un peu naïf ; et dans la réalité, Koffi ne serait plus certainement en vie.

Éric Azanney

Le cinéma africain... un pas en avant

La fixité des plans, la netteté du son, les plans de vue aérienne, le jeu d'acteur au point avec un casting impressionnant forcent l'admiration et donnent du plaisir. Il faut être déterminé, têtu, pour en arriver à une production de la facture de ce film tourné en 35 millimètres. Si d'autres réalisateurs, à l'instar de Fabrice Éboué, avec son film *Le Crocodile de Bostwanga,* choisissent de tourner l'Afrique en dérision, entretenant les stéréotypes et clichés, Sylvestre Amoussou, lui, préfère afficher son continent, son pays, dans sa beauté ignorée ou insoupçonnée. Il n'en est pas à son premier essai, en témoigne *Africa Paradis,* son premier long-métrage. Avec *Un pas en avant, les dessous de la corruption*, on peut découvrir Cotonou, une belle ville qui resplendit à l'éclat du soleil, arborant une animation digne d'une ville qui vit au gré d'occupations de ses habitants. Et Ganvié, le village lacustre, dont la villégiature sourit, offrant ses atouts touristiques… Le réalisateur cache mal ses convictions d'unité africaine comme gage pour sortir des travers qu'essuient les pays africains, bien que regorgeant de talents dans tous les domaines. Le gratin de comédiens et acteurs africains faisant le casting de ce film en dit long. Le message est clair : ensemble, on est fort et on vainc. À ce prix, sans doute, l'Afrique fera « Un pas en avant ».

« Un pas en avant, les dessous de la corruption », Sylvestre Amoussou, Tchoko Tchoko 7ᵉ art et Koffi Productions, 2011, 1 heure 30.

Par Éric Azanney

(Publié sur www.ericazanney.wordpress.com)

Dominique Zinkpè : un artiste plasticien béninois aux couleurs identitaires

L'art plastique béninois est en plein essor aujourd'hui. Parmi ses acteurs les plus connus au plan national et international à travers leurs inspirations et le choix de leurs médiums aux caractères identitaires, se trouve Dominique Zinkpè.

1- L'homme et le début de ses élans artistiques

Dominique Zinkpè est un artiste plasticien contemporain béninois. Il est né en 1968 à Abomey, de parents chrétiens catholiques, mais fermement attachés aux valeurs endogènes.

Dominique était déjà prédisposé à l'art depuis son enfance, car dès ses cours primaires, il était l'esprit et la main des enseignants pour réaliser les cartes et les croquis d'anatomie dans leurs différentes classes. Il réalisait également, au lycée Houffon d'Abomey, où il a fait ses cours secondaires, des cahiers de choix pour les candidats au CEP. À ses amis, pour aiguiser son envie de devenir un artiste de renom, il faisait leurs portraits. Depuis lors, Domi, comme l'appelaient ses camarades, était déjà en mission commandée pour le génie artistique. C'est ainsi qu'avec le risque d'année blanche de l'année scolaire 1984-1985, il décida de mettre en branle son talent en optant d'entrer en apprentissage dans un salon de couture. Mais pendant les week-ends, il quittait la maison paternelle à Aïdjèdo à pied, pour aller apprendre le dessin à l'ancien Centre culturel soviétique (CCS) de Cotonou, sis non loin du château d'eau de Cadjèhoun, sous l'encadrement de Sveltana

Florova, une Russe en poste au Bénin. Mais quand ses parents ont découvert ceci, ils le lui ont interdit, car pour beaucoup de Béninois en cette période, devenir artiste était le plus court chemin menant au banditisme, parce qu'on ne savait pas que l'art pouvait devenir un métier. Mais il continuait à y aller en cachette, jusqu'à obtenir son diplôme en stylisme et en couture.

Pour mieux l'éloigner de l'art, les parents se sont même précipités pour lui ouvrir un atelier moderne qu'il nomma « Belle-Folie ». Mais ils ne savaient pas que c'était l'occasion plus rêvée de Domi pour se rapprocher de la création artistique. Quelques mois plus tard, l'artiste reçut une invitation d'exposition à l'extérieur du Bénin, précisément à Abidjan avec un billet d'avion pour y participer. Il obtint d'ailleurs à ce premier rendez-vous international, le prix Grapholie du jeune talent artistique. C'est le début d'une car-rière artistique prometteuse pour le génie béninois.

Le point de l'œuvre de l'artiste révèle qu'il a tour à tour pratiqué au moins cinq (5) tendances artistiques.

2- Les différentes tendances artistiques de Dominique Zinkpè

De ses débuts à nos jours, l'artiste totalise déjà une trentaine d'années de sacrifices, de formation en tant qu'apprenant, de recherches artistiques et de for-mations d'artistes déjà professionnels. Cinq grandes tendances caractérisent son parcours.

Mais avant tout, nous devons préciser qu'en relation avec sa carrière de couturier, il a essayé de rechercher ses marques avec des toiles réalisées avec des perles et où des personnages étaient en perles. C'est suite à ce balbutiement que le génie artistique de l'artiste a commencé par s'éclore avec ses grandes tendances :

- La toute première tendance de Zinkpè était l'« **utilisation de fibre et de toile jute** »pour habiller ses différentes sculptures. Dans ce cadre, l'artiste a témoigné qu'il a créé cette tendance suite à sa rencontre avec les œuvres de feu Christian Lattier en Côte d'Ivoire.

- La deuxième tendance de l'artiste en rapport avec la première, était intitulée « **dualisation d'œuvres en sculpture et en peinture** » de sorte que les œuvres en peinture étaient les miroirs et les âmes des œuvres en sculpture.

- La troisième par laquelle les Cotonois ont commencé par connaître Dominique Zinkpè, était les « **Taxis-Zinkpè** ». Ici, la technique utilisée était le mix-média, c'est-à-dire un mélange de sous-techniques fondues en une seule œuvre. Il a utilisé dans les taxis- Zinkpè, le « Voboto », savoir installer, la sculpture, la technique de montage de sons et la peinture. Dans cette tendance, il a utilisé des carcasses de voitures chargées hors gabarit, de sculptures en fibres de jute comme passagers et un son qui distille différentes voix de sorte que l'on croit qu'il y avait de véritables personnes à l'intérieur des véhicules. Ces taxis ont été reproduits non seulement en Afrique au Bénin, au Niger, au Sénégal, au Mali, en Côte d'Ivoire, mais aussi en Europe en France, en

Hollande, en Strasbourg, en Allemagne, en Autriche et en Amérique au Cuba, au Brésil.

- La quatrième tendance est le concept « **Ibédji** » qui consacre des travaux artistiques sculpturaux en figurines et en sculpture grandeur nature sur le phénomène des jumeaux dont il se réclame être un « Agossou », le grand frère des jumeaux, né par le siège.

- Enfin, la dernière des tendances dans laquelle il continue d'évoluer est « **dessin secret** » où il dessine ou peint non seulement ses fantasmes ou ceux des hommes, mais aussi et surtout certains rituels endogènes en rapport avec les religions traditionnelles.

3- L'identité africaine dans l'art de Zinkpè

Dominique Zinkpè, un habitué de la scène internationale a fini par adopter l'art vodoun pour donner une identité à ses créations. Ce choix passe par trois éléments principaux :

- Les techniques qui sont la peinture en rapport avec les couleurs du sang et l'huile sur les divinités après une libation et un sacrifice aux divinités, la sculpture et l'installation qui rappellent la posture de la représentation des différentes divinités, l'art vidéo, la performance pour immortaliser certaines réalisations artistiques.

Ensuite, la source d'inspiration basée sur les religions endogènes avec des illustrations de maints rituels comme le « koudio », le « ciodidi », le « messedakpagbé », le « ahanbiba », etc. Dans ce cadre, les cultes aux différentes divinités ne sont pas oblitérés. Le gou, le xèbiosso, le dan ayidohouèdo, le lègba et les légendes de fâ sont traités.

- Enfin, toutes les sortes de matériaux sont utilisées pour parvenir à ses objectifs : les matériaux locaux (bois, argile, cauris, huile, lianes, dents et poils d'animaux) et des matériaux importés comme des métaux (fer, bronze), de la peinture industrielle, colle, vernis, etc., sont aussi utilisés.

Au rendez-vous de l'universel, Zinkpè, aujourd'hui un des meilleurs artistes les plus connus au monde a choisi à travers ses œuvres de se donner une identité, mais aussi d'en donner à la totalité de ses créations actuelles. Pour lui, ne pouvant pas mieux illustrer l'identité européenne que les Européens, ni celle asiatique que les Chinois et les Japonais, il choisit d'interroger les réalités endogènes pour les révéler à travers son art. Telle est la mission qu'il a choisie d'accomplir au nom de l'Afrique et de son art.

Dr Hounkpatin Philémon

Historien de l'art contemporain, enseignant au Département d'Histoire de l'Art (DHA) et à l'Institut National des Métiers d'Art, d'Archéologie et de Culture (INMAAC) à l'Université d'Abomey-Calavi

TABLE DES MATIÈRES

ISBN : 978-2-3225-4200-0
Savanes du Continent
Tél. 00 (229) 95 66 83 07 / 67 07 61 13
Courriel : savane.editions@yahoo.com
Cotonou - Bénin